JN411510

겉옷을 벗어던지고

NASCERE DI NUOVO
by Gaetano PICCOLO
PAOLINE EDITORIALE LIBRI

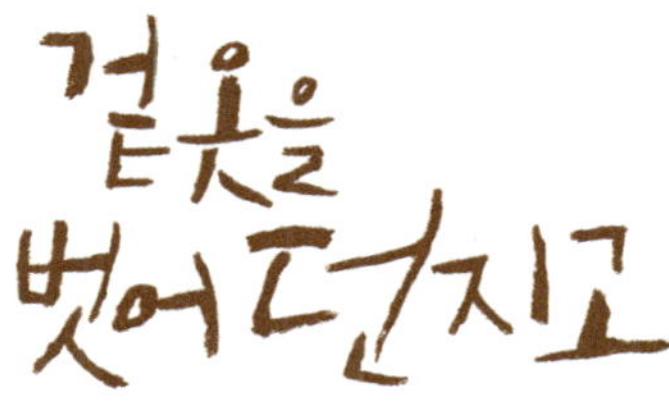

내적 치유의 여정

가에타노 피콜로 지음 | 이상훈 옮김

겉옷을 벗어 던지고

내적 치유의 여정

2025년 11월 28일 교회인가
2026년 2월 20일 1판 1쇄 발행
2026년 3월 25일 1판 2쇄 발행

지은이 | 가에타노 피콜로
옮긴이 | 이상훈
펴낸이 | 이은아
펴낸곳 | 바오로딸

01166 서울 강북구 오현로7길 34
등록 | 제7-5호 1964년 10월 15일
전화 | 02) 944-0800 팩스 | 987-5275

취급처 | 중앙보급소
전화 | 02) 984-3611 팩스 | 984-3612

값 12,000원

이메일 | edit@pauline.or.kr
인터넷 서점 | www.pauline.or.kr 02) 944-0944
ISBN 978-89-331-1596-1 03230

삶의 부서진 조각들을

온전히 주님께 내어드릴 때

우리는 다시 시작할 수 있고

다시 희망을 꿈꿀 수 있습니다

차례

글을 시작하며

몇 년 전, 식별에 관한 책을 이탈리아 바오로딸 출판사에서 출간했습니다.[1] 예수회원으로서 사람들을 동반하며 얻은 경험을 토대로 쓴 책입니다.

식별의 여정을 시작할 때, 저는 종종 가장 중요한 전제 조건을 잊고 있음을 깨닫습니다! 상처에서 벗어나지 못하거나, 과거에 짓눌려 앞으로 나아가지 못하거나, 변화에 대한 두려움으로 더 이상 희망이 존재하지 않는다고 생각할 때, 식별의 여정은 이루어지지 않습니다. 인생에서 중요한 결정을 내려야 하는 때가 온다면, 먼저 그에 맞는 조건을 갖추는 것이 필요합니다.

이 책은 바로 이러한 필요에 응답하고자 엮은 것입니다. 우리는 저마다 상처 입은 삶의 이야기를 마음속 깊이 안고 살아갈 수밖에 없습니다. 그러나 우리는 그 이야기를 다시 꺼내들며 새로운 걸음을 내디딜 수 있습니다. 모든 영적 여정은 고통과 원망의 자리에서 벗어나라는 초대에서 시작됩니다. 복음은 그 기쁜 소식을 우리에게 전합니다. '삶은 다시 시작될 수 있으며 우리는 언제든 새롭게 태어날 수 있다'고 말입니다. 우리가 비극과 죽음, 고통을 겪는다 해도 그것이 결코 삶의 마지막이 될 수는 없습니다. 우리는 삶을 위한 존재입니다.

이 글을 쓰는 동안, 저는 안토니오 포가차로Antonio Fogazzaro의 *Piccolo mondo antico*(작은 옛 세계)를 읽고 있었습니다. 이 책은 부모가 겪을 수 있는 가장 고통스러운 사건 하나를 이야기합니다. 바로 어린 딸의 죽음입니다. 딸을 잃은 그 순간부터 부모의 삶은 더 이상 아무런 의미가 없었습니다. 어머니 루이사는 깊은 절망 속에서 미칠 듯한 고통을 겪었습니다. 그 고통을 감내할 수도, 다시 무엇인가를 시작할 수도 없었습니다. 그녀는 남편을 기쁘게 해주기 위해 신앙생활을 시작했지만, 이제는 신의 존재를 의심할 뿐만 아니라, 만약 신이 존재한다면 자신을 파괴한 괴물이 분명하다고 생각했습니다.

그러던 중, 그녀 안에 희망이 자리 잡으며 변화가 시작되었습니다. 어느 날, 한 목소리가 그녀에게 말을 건넵니다. 그때 그녀는 깨달았습니다. 삶은 다시 시작될 수 있다는 것을 말입니다. "당신의 운명의 책에서 한 페이지가 덮이면, 동시에 다른 한 페이지가 열리는 것을 꼭 기억하세요. 당신에게는 여전히 충만한 삶의 미래가 기다리고 있습니다. 당신이 2막에서 끝났다고 믿었던 드라마는 분명 아주 특별한 방식으로 계속될 것입니다. 내가 그것을 보장합니다."[2]

여러분도 희망을 품고 이 여정을 함께 걸어가 보길 권합니다. 그렇다면 삶이 언제나 계속된다는 것을 깨닫게 될 것입니다. 아울러 존재의 의미를 발견할 것이고 무엇보다 새롭게 태어날 수 있다는 사실도 깨닫게 될 것입니다. 여러분이 어떤 순간에 이 책을 만나든, 지금 어디 서있는지 되돌아보고, 다시 여정을 시작하기 위해 어떤 발걸음을 내디뎌야 할지 생각하는 기회가 되었으면 합니다. 억눌리고 낙담한 모든 이들에게, 더 이상 희망이 없다고 느끼는 이들에게, 그리고 포기하지 않고 걸어가려는 모든 이들에게 이 책을 바칩니다.

첫째 단계

내면으로 돌아가기

지금 이 순간,
당신은 어디에 머물고 있나요?

아주 오래전, 당신에게 집 한 채가 있었습니다. 그러나 그 집이 당신에게 더 이상 편치 않아 결국 떠나게 되었습니다. 머물 곳을 찾아 여기저기를 떠돌았지만, 다시 그 집으로 돌아와서야 비로소 당신이 있어야 할 자리가 바로 그곳임을 깨닫게 됩니다.

우리 주위엔 제집을 떠나 이곳저곳을 헤매는 수많은 나그네들이 있습니다. 그들은 돌아갈 마음을 잃어버린 사람처럼 보입니다. 어쩌면 너무 오랫동안 집을 떠나있어서 다시 돌아가는 것이 두려운지도 모릅니다. 더욱이 따뜻하면서도 북적거리는 낯선 장소의 분위기는 그들의 현실을 잠시 잊게 만들어 줍니다. 그러나 그 끝에 남겨지는 것은 외로움과 이름 없는 그리움뿐입니다. 영적 여정이란 본래 머물러야 할 집으로 우리를 인도하는 길입니다. 그 길 끝에서 우리는 깨닫게 됩니다. "여러분은 이제 더 이상 외국인도 아니고 이방인도 아닙니다."(에페 2,19) 마침내 우리는 '자기 집'에 머무는 사람이 되는 것입니다. 이제 당신은 스스로에게 질문을 던져볼 수 있습니다. "나는 지금 어디에 머물고 있는가?" 혹은 더 단순하게 "내가 지금 살아가고 있는 이 상황이 나에게 편안한가?", "나는 정말로 내가 원하는 곳에 있는가?"

성경에서 '집'은 중요한 의미를 가집니다. 복음서만 보더라도 집은 특별한 장소로 묘사됩니다. 가브리엘 천사가 마리아에게 예수님의 잉태를 전한 곳도 집이었고, 예수님께서 친구들인 마르타, 마리아, 라자로와 함께 머물며 친교를 나누셨던 곳도 집이었습니다. 또한 그분은 종종 집에서 치유를 행하셨습니다. 예를 들어, 마르코 복음 초반부에는 예수님께서 시몬의 집에 들어가 그의 장모를 치유하신 장면이 있습니다.

하지만 우리는 때로 우리가 살고 있는 집의 이름조차 잊어버리곤 합니다. 벳자타 못 가에 누워있던 한 중풍 병자의 이야기가 그 좋은 예입니다. 벳자타라는 이름은 '자비의 집'을 뜻하지만(요한 5,1-18 참조), 이 중풍 병자는 여러 해 동안 그 자비의 집에 머물러 있으면서도, 자신이 사랑받는 존재라는 사실을 더 이상 믿지 않았습니다. 오히려 스스로를 치유받을 가능성에서 배제된 존재로 여기며, 외면과 소외 속에서 지내왔습니다.

'자신의 현재'(중풍, 마비) 그리고 '자신이 머물고 있는 환경'(벳자타, 자비의 집)에 이름을 붙이는 것이야말로 치유로 나아가는 첫째 단계입니다. 그러나 시몬 파코Simone Pacot가 지적했듯이, "우리는 치유를 원하고 있지만, 반드시 변화(회심)가 필요하다고는 생각하지 않습니다."[3] 실제로 변화(회심)는 우리에게 달려있고, 스스로 선택하고 책임져야 하는 일이자 개인적인 결단을 요구합니다. 이와 달리 치유는 언제나 타인의 능력이나 도움에 기대어 이루어집니다. 우리는 치유되기를 바랍니다. 곧 누군가가 나를 위해 노력해 주기를 기대합니다. 어쩌면 우리는 치유받아야 할 곳이 어디인지, 우리 삶의 어떤 부분이 치유되어야 하는지 알고 있을지도 모릅니다. 하지만 그렇다고 해서 반드시 변화(회심)할 준비가 되어있는 것은 아닙니다.

변화를 앞에 두고 우리는 늘 크든 작든 저항을 느낍니다. 우리는 변화를 원하기는 하지만, 실제로는 그 변화의 동력이 없는 것 같습니다. 오랫동안 변화를 바랐음에도 변하지 않았다면, '내가 진심으로 그 변화를 원하고 있는가?'라고 스스로 물어야 합니다. 더 솔직하게, '변하지 않음으로써 내가 얻고 있는 것은 무엇인가?'라는 질문도 해볼 수 있지요. 변화를 가로막는 저항 뒤에는 언제나 드러내고 싶지 않은 교묘한 즐거움이 있는데, 우리는 그것을 포기할 준비가 되어있지 않을지도 모릅니다.

다른 한편, 집을 떠나게 된 이유가 크고 작은 균열을 발견했기 때문일 수도 있습니다. 그러나 우리 모두 알고 있듯, 어떤 건물이든 유지보수가 필요합니다. 시간의 흐름에 따라 금이 가는 것은 자연스러운 일이며, 이는 우리의 삶도 마찬가지입니다. 그렇기에 균열이 생겼다는 사실 자체로 놀라거나 두려워해야 할 이유가 전혀 없습니다. 따라서 치유를 향한 첫째 단계는 각자의 집으로 돌아와 그곳의 현재 상태를 점검하는 것입니다. 집 안 구석구석을 살펴보며 어디에 금이 가있는지, 어느 벽이 부서지고 있는지, 어느 부분을 보수해야 하는지를 확인해야 합니다. 다만 한꺼번에 이 모든 문제를 해결하려 한다면, 당황해서 어디서부터 시작해야 할지 막막할 수도 있습니다. 그렇기 때문에 우선적으로 필요한 수리 항목을 정리한 후, 가장 긴급한 부분부터 시작하는 것이 중요합니다. "무엇이 시급한가? 현실적으로 어디서부터 시작할 수 있을까?"라고 질문하면서 말입니다.

그래서 무엇보다도, 긴 시간 동안 더 이상 '내 집'이라고 느끼지 못했던 그곳으로 돌아가는 것 자체가 이미 첫째 단계입니다. 성 아우구스티노는 이렇게 우리를 초대합니다. "밖으로 나가지 마십시오. 그대 자신 속으로 돌아가십시오! 진리는 당신 내면에 머물고 있기 때문입니다."[4]

성 아우구스티노의 '내면'에 대한 성찰은 복음 묵상에서 기초합니다. 예를 들어, 마태오복음 6장에서 예수님은 우리에게 자신의 방, 곧 내면으로 들어가도록 초대하십니다. 그곳에서 아버지께서 우리를 보고 계시기 때문입니다. 내면은 하느님과의 친교가 이루어지는 자리입니다. 성서인간학 그리고 오랜 영적 전통은 이 장소를 "마음"이라고 불러왔습니다. 마음은 우리 존재의 중심이며, 감정과 생각을 하나로 모으는 곳입니다.

그러나 안타깝게도 때때로 우리는 자신의 집을 업신여기기도 합니다. 그곳이 오래되고 낡았으며, 금이 가고 매력적이지 않다는 이유 때문이지요. 낡고 수많은 균열로 그 집이 마음에 들지 않을 수 있지만, 이 공간, 곧 우리의 집은 "성령의 성전"(1코린 6,19)임에 변함이 없습니다. 그래서 우리의 집은 기도의 집이고 언제나 하느님을 만날 수 있는 성전입니다.

커다란 빈집

첫째 단계를 이해하는 데 도움이 될 만한 이야기 하나를 들려드리고 싶습니다. 이 이야기를 읽으면서 당신의 삶과 어떤 공통점이 있는지 생각해 보길 바랍니다.

옛날 옛적, 어느 길가에 커다란 빈집이 있었습니다. 주변에는 크고 작은 집들이 다양하게 있었고, 다들 따뜻한 생명력으로 가득 차있었습니다. 그러나 커다란 빈집만은 오랫동안 사람의 손길이 닿지 않아 쓸쓸한 적막이 감돌았고, 처마 끝의 물방울이 마치 소리 없는 울음처럼 떨어지고 있었습니다. 세월이 흘러 집의 곳곳은 균열이 생기기 시작했습니다. 깨진 창문과 떨어진 기와들은 이 집이 얼마나 오랫동안 버려져 있었는지를 말해주고 있었습니다. 집 안에는 정적뿐이었고, 그 앞을 지나가는 사람들은 왠지 모를 싸늘한 기운 때문에 발걸음을 재촉했습니다.

어느 날, 오랫동안 같은 자리에 덩그러니 놓여있던 식탁이 투덜대며 접시들에게 불만을 퍼부었습니다. "너희들은 마구 쌓여있기만 하고, 제자리에 왜 정돈이 하나도 안 되어있는 거야?" 접시들이 동시에 말했습니다. "도대체 누구를 위해 우리가 정리되어 있어야 하지?"

이번에는 식탁이 촛대에게 불만을 터뜨렸습니다. "너는 왜 불도 켜지 않은 채 가만히 있는 거야?" 촛대가 우울한 목소리로 대답했습니다. "누구를 위해 내가 불을 밝혀야 하지?"

마지막으로 식탁은 집 안에서 가장 초라한 신세였던 행주에게 말을 걸었습니다. "그렇게 내팽개쳐져 있지 말고 몸을 움직여 무언가를 좀 깨끗이 닦아보는 건 어때?"

그러나 행주는 평소처럼 아무런 대꾸도 하지 않았습니다. 마치 원래 그런 존재였던 것처럼 말입니다.

그런데 예상치 못한 일이 일어났습니다. 거센 폭풍이 몰아쳐 날씨가 몹시 사납고 거친 밤이었습니다. 강한 바람은 깨진 지 오래된 창문 틈 사이를 통과하며 휘몰아쳤고, 비는 세차게 쏟아졌습니다. 무엇보다 천둥소리가 가장 무서웠습니다. 그 굉음에 기둥 위의 도자기 꽃병들이 부들부들 떨었습니다. 별안간 번개가 지붕을 강타했습니다. 지붕 위 기와들이 와르르 무너지며 고통스러운 고함 소리를 내질렀습니다. 그리고 불씨 하나가 집의 굴뚝을 통해 벽난로 안으로 떨어졌습니다. 그 순간, 오랫동안 쌓여있던 재들이 갑자기 타오르면서 집 안을 훤히 밝혔습니다. 벽들이 하나둘씩 비춰졌고 이내 서로를 마주 보며 자신들이 얼마나 변화했는지를 깨달았습니다. … 촛불들이 반짝이며 빛을 내기 시작했고 벽에 걸려있는 초상화 속 얼굴들은 다시 미소를 띠었습니다. 그렇게 작은 불씨 하나가 오랫동안 비어있던 집을 따뜻한 공간으로 바꾸어 놓았습니다. 하지만 과연 이 온기가 얼마나 오래 유지될 수 있을까요?

바로 그 순간, 떠돌이 나그네가 우연히 비를 피하려고 그 집 앞을 서성였습니다. 그 집을 피하지 않은 사람은 그가 처음이었습니다. 벽난로에 피어오르는 불빛을 창 밖에서 보았기 때문이지요. 나그네는 지친 몸을 이끌고, 용기를 내어 그 집에 도움을 요청해 보기로 했습니다. 그 집이 비어있을 거라고는 상상도 하지 못한 채 말입니다. 조심스레 문을 두드렸을 때, 이미 문이 망가져 있어서 손쉽게 열 수 있었습니다. 기진맥진한 나그네는 겁이 났지만, 천천히 집 안으로 들어갔습니다. 세월의 흔적 때문에 곳곳이 허물어져 있었지만, 너무나 아름다운 집이었습니다.

나그네는 얼마 지나지 않아 이 집이 오랫동안 비어있었다는 사실을 알아차렸습니다. 그러나 누가 이 벽난로에 이렇게 좋은 불을 피웠는지 의아해했습니다. 누가 짐작이나 했을까요? 이 집이 오랫동안 기다렸던 사람이 바로 그였다는 것을 말입니다. 그리고 마침내 그 역시도 자신이 오랫동안 떠나있었던 바로 그 집에 다시 돌아왔음을 깨닫게 되었습니다. 어쩌면 이제는 집으로 돌아갈 시간이었을지도 모릅니다. 그는 벽난로 앞에 다가가 기쁜 마음으로 그 불의 온기를 받아들였습니다.

둘째 단계

멈추게 하는 것과 나아가게 하는 것

걸림돌과 디딤돌

아직 첫째 단계만 지나왔을 뿐인데 벌써 앞으로 나아가는 것이 힘겹고 망설여지나요? 그렇다면 무엇이 당신의 발목을 붙잡고 있는지 스스로에게 물어보세요. 우리 삶에는 분명 앞으로 나아가는 데 방해하는 요소들, 예를 들어 중압감, 힘겨운 관계, 어려운 상황, 두려움과 의심 같은 것들이 있습니다. 하지만 조금만 용기를 내어 이 어려움들을 정면으로 마주한다면, 예상치 못했던 디딤돌을 발견할 수 있습니다. 이 디딤돌은 깊이 감춰져 있거나, 어쩌면 나 자신을 정당화하기 위해 외면했던 것일지도 모릅니다. "나는 할 수 없어!"라는 말을 더 이상 스스로에게 하지 않기로 합시다. 대신 이렇게 말해보는 것이 좋겠습니다. "지금은 이 정도밖에 할 수 없지만, 나는 더 나아지고 싶어!"

우리가 앞으로 나아가지 못하는 이유는 바로 우리가 의지하는 안정감 때문일 수 있습니다. '스누피'라고도 알려진 만화 「피너츠」에서, 찰리 브라운의 친구인 라이너스 반 펠트처럼, 우리 모두는 쉽게 내려놓지 못하는 애착 담요를 끌고 다닙니다. 라이너스는 좀처럼 성장하지 못합니다. 역설적이게도 그를 지탱해 주는 듯한 안정감이 오히려 성장을 가로막고 있습니다. 질질 끌려다니는 담요는, 마치 우리가 삶을 질질 끌고 가는 모습과 닮아있습니다. 이 담요는 안정감을 주는 듯하지만, 오히려 넘어지게 만드는 걸림돌이 됩니다. 하지만 라이너스는 그 사실을 전혀 알아채지 못합니다. 그에게 담요는 너무 익숙한 것이 되어버렸고, 이제는 그것을 손에서 놓을 수도 없게 되었기 때문입니다.

다시 일어서기

복음서에 라이너스와 비슷하지만, 정반대의 선택을 한 인물이 있습니다. 그는 자기 겉옷을 벗어 던지고, 마침내 변화의 길을 선택했습니다. 그 사람은 바로 눈먼 바르티매오입니다.(마르 10,46-52 참조) 바르티매오가 항상 걸치고 다니던 겉옷은 그의 유일한 안전장치였지요. 그는 거지였고, 그 옷 외에 아무것도 가진 게 없었습니다. 그 겉옷은 그에게 전부였습니다. 집이고 안식처이며 친구였습니다. 율법에서도 거지가 겉옷을 담보로 맡기면, 해가 지기 전에 반드시 돌려주도록 규정했을 정도로 중요했습니다.(탈출 22,25 참조) 그것이 그의 유일한 재산이었기 때문입니다. 그러나 바르티매오는 오히려 그 겉옷에 묶여있었습니다. 그는 그 겉옷을 벗어 던지기 전까지 일어설 수 없었습니다. 우리 삶에도 이러한 거짓된 안정감이나 표면적인 위로가 존재합니다. 그것들을 내려놓지 않는 한, 우리는 온전히 삶을 살아가지 못합니다.

바르티매오는 앞이 보이지 않아 제대로 길을 걸을 수도, 자유롭게 움직일 수도 없습니다. 이 역시 우리 삶에서 충분히 겪을 수 있는 상황입니다. 때때로 의심과 불안 속에 모든 것이 막힌 듯한 낙담의 순간을 경험합니다. 마치 모든 문이 닫혀버린 것 같은 느낌을 받기도 합니다. 한편, 현실을 직시할 용기가 없어서 혹은 진실을 마주하는 것이 두려워서 스스로 눈을 감은 채 자진해서 눈이 머는 일이 발생하기도 하지요. 예를 들면, 우울함에 사로잡혔을 때 이런 일이 일어납니다. 우리는 집 안에 틀어박힌 채 창문을 닫고 잠들어 버립니다. 그리고 깨어났을 때에 마술처럼 상황이 변했을 것이라는 막연한 기대를 품습니다.

바르티매오는 단순히 앞을 보지 못하는 사람이 아니었습니다. 스스로를 닫아버렸기에 눈이 먼 것입니다. 바로 이 때문에 그는 고립된 것입니다. 누구도 그의 곁에 머물러 있지 않아 보입니다. 아이러니하게도 그의 이름 바르티매오는 '티매오의 아들'이라는 뜻입니다. 이 이름에는 '아버지와 아들'이라는 관계의 의미가 담겨있지만, 정작 그는 어떤 관계도 맺지 못한 채 철저히 고립된 인간으로 살아갑니다.

예수님은 바르티매오가 있는 예리코로 내려가십니다. 이 도시는 해수면보다 낮은 곳에 위치한 도시입니다. 이는 잃어버린 이를 찾아 심연까지 내려가시는 예수님의 모습을 상징적으로 보여주는 장면입니다. 이제 예수님은 가장 깊은 곳, 곧 예리코를 떠나려 하십니다. 그러나 예수님께서 예리코에 내려가 머무시는 동안에도 바르티매오는 눈에 띄지 않습니다. 성경 본문은 바르티매오가 길에서 벗어났다("길가에 앉아있다가")고 말합니다. 그는 완전히 길을 잃은 사람이었고, 누구도 그를 찾을 수 없는 상태였습니다.

당신이 이 지옥과도 같은 곳에 있다면, 앞이 막혀있고 전혀 볼 수 없는 상황이라면, 당신을 구원할 수 있는 유일한 도구는 바로 당신의 '갈망desiderio'입니다. 바르티매오는 다시 진정한 삶으로 돌아가고 싶은 갈망을 품고, 자신만이 가진 디딤돌을 사용했습니다. 그는 거지였고, 거지가 할 수 있는 일은 오직 '구하는 것'뿐이었습니다. 그러나 바르티매오는 단순히 구하는 것만 하지 않았습니다. 그는 온 힘을 다해 외쳤고, 마침내 누군가가 그 외침을 들었습니다. 단 한 번의 외침도 하느님 앞에서는 헛되이 사라지지 않습니다. 예수님께서 멈추셨습니다. 바로 이 행위가 바르티매오를 살렸습니다.

그는 이것 말고는 다른 무엇도 바라지 않았습니다. 그의 유일한 갈망은 오직 '누군가가 자신 앞에 멈춰 서는 것'이었지요. 예수님께서 바르티매오 앞에 멈춰 서신 순간, 그는 이미 치유되었습니다. 그는 비로소 자신의 존재가 인정받고, 관심받고, 자기 목소리가 사람들에게 들리는 것을 느꼈습니다. 이것은 우리 모두가 가슴 깊이 품고 있는 근원적인 갈망입니다. 예수님께서 멈춰 서신 그 순간, 바르티매오는 라이너스와는 달리 자신의 겉옷을 벗어 던지고 일어났습니다. 마침내 그는 죽음과도 같은 상황에서 벗어나 다시 살아나게 되었습니다. 우리도 오직 거짓된 안정감을 벗어 던질 때에야 삶을 새롭게 시작할 수 있고, 하느님 앞에서 우리의 진정한 갈망을 드러낼 수 있습니다.

예수님은 그제야 그에게 무엇을 해주기를 바라는지 물으셨습니다. 언뜻 보면 눈먼 이에게는 불필요한 질문처럼 보입니다. 그러나 예수님께는 우리 스스로 '보게 되는 것'을 자유롭게 선택하는 것이 무엇보다 중요합니다. 사실 우리는 언제나 모든 것을 있는 그대로 바라볼 준비가 되어있다고 장담할 수 없기 때문입니다.

하지만 바르티매오의 대답은 그저 앞을 보고 싶다는 갈망을 넘어서는 것이었습니다. 이는 '다시 보게 하다'라는 뜻을 가진 그리스어 동사 '아나블레페인ἀναβλέπειν'에 드러납니다. 이 단어는 단순히 시력을 회복하는 것뿐만 아니라 '위를 바라보다'라는 의미도 담고 있습니다. 곧 바르티매오는 눈만 뜨는 것이 아니라, 다시금 고개를 들고 잃어버린 자신의 존엄성을 되찾고 싶었던 것입니다. 초라한 겉옷에 몸을 웅크린 채 살아가며 서서히 잃어버렸던, 바로 그 존엄성 말입니다.

바르티매오가 다시 보게 되는 순간, 그는 선택의 갈림길에 서게 되었습니다. 예수님께서는 당신을 따를 것을 강요하지 않으셨습니다. 그분은 바르티매오에게 '오너라'가 아니라 '가거라'라고 말씀하셨습니다. 바르티매오는 자유롭게 자신의 길을 선택할 수 있었지요. 예수님께서는 우리의 눈을 뜨게 하시지만, 결코 억지로 이끌지는 않으십니다. 그분은 우리를 자유롭게 하십니다.

이처럼 바르티매오에게도 희망이 있었습니다. 그는 되돌릴 수 없이 길을 잃은 채, 예리코의 심연 속에서도 존재를 찾을 수 없을 만큼 바닥 끝까지 버려진 사람이었습니다. 그런 그에게도 희망이 있었습니다. 그렇다면 나는 어떨까요? 나에게 변화의 희망이 아예 없다고 단정 지어야 할까요?

내 방식대로 할 수 없다면

변화를 가로막는 또 다른 걸림돌은 우리의 완고함입니다. 때로 우리는 특정 시각에 사로잡혀, 사물이 다른 방식으로도 보일 수 있는 가능성을 받아들이는 데 어려움을 겪습니다. 완고함은 언제나 병적인 특성을 지니며, 종종 가장 끈질긴 걸림돌이 됩니다. 우리를 편견의 감옥에 가두기 때문입니다.

구약성경의 한 이야기가 우리의 완고함을 묵상하는 데 도움을 줍니다. 바로 시리아 사람 나아만 이야기입니다.(2열왕 5장 참조) 그는 아람 왕의 고위 관리였는데 나

병을 앓고 있었습니다. 이스라엘 전통에서 나병은 단순한 질병이 아니었지요. 당시에는 자연적으로 치유될 가능성이 거의 없었고, 서서히 죽음에 이르게 하는 병이었습니다. 이 때문에 나병환자는 공동체에서 격리되어 부정한 존재로 간주되었습니다. 따라서 나병의 치유는 단순히 '회복'이 아니라 '부정함과 죽음'에서 '정결함과 생명'으로 옮겨지는 사건이었고, 이는 하느님의 능력으로만 가능한 일이었습니다. 그런데 나아만의 나병은 비교적 가벼웠던 것 같습니다. 그가 사회적인 관계에서 배제되지 않았던 것으로 보아, 단순히 피부에 나타나는 백반 정도였을 가능성이 큽니다. 흥미로운 점은 '아름다움' 또는 '기쁨'을 뜻하는 '나아만'이라는 이름으로 불렸던 그가, 자기 이름과는 정반대의 삶을 살고 있었다는 사실입니다. 그는 이 모순에서 해방되어야 했습니다.

이 이야기에서 소녀와 부하들의 역할이 상당히 중요합니다. 그들은 사회적으로 낮은 신분에 속했지만, 아이러니하게도 진정한 자유를 누리는 존재들이었습니다.

지켜야 할 권력이나 사회적 지위를 가지고 있지 않았기 때문이지요. 나아만의 집에서 일하던 한 소녀는 나아만의 아내에게, '이스라엘에 엘리사라는 예언자가 있는데 그분이 주인을 치료할 수 있다'고 말합니다.

나아만은 이스라엘로 가라는 제안을 받아들입니다. 물론 그의 방식대로 말입니다. 치유를 받는 대가로 지불할 금과 예복을 가득 싣고 떠난 것이지요. 이것이 그가 사람을 대하는 방식이었습니다. 그의 사고방식에는 '거저 받는 것'이라는 개념이 존재하지 않았습니다.

그렇기에 그는 엘리사의 행동을 보고 충격을 받았습니다. 엘리사는 몸소 나와 그를 맞이하지 않았고, 대신 심부름꾼을 시켜 치료 방법을 알려줬기 때문입니다. 그 방법이란 단순히 요르단강에 일곱 번 몸을 담그는 것이었지요. 그런데 이것은 나아만이 예상했던 치유 방식이 아니었습니다. 그는 더 극적인 의식, 더 힘든 과정, 더 고된 희생을 기대했는데, 예언자가 전해준 방법은 터무니없이 단순하고 평범했습니다. 그래서 나아만은 그 방법을 따르고 싶지 않았습니다. 그렇지만 부하들은 이미

먼 길을 온 만큼, 이 정도는 시도해 볼 만하다는 상식적인 이유로 다시 한번 그를 설득했습니다. 그제야 나아만은 마음을 돌려 요르단강에 몸을 담갔습니다. 그는 끝내 고집하던 자기 방식을 내려놓았고 그 결과는 그의 기대를 훨씬 뛰어넘었습니다. 병이 나았을 뿐만 아니라, 그의 피부가 마치 어린아이처럼 깨끗해진 것입니다.

우리는 종종 치유의 길이 어렵고 복잡한 해결책 속에 있다고 생각하지만, 어쩌면 그 길은 우리가 가장 단순하다고 여기는 곳에 놓여있을지도 모릅니다.

내 탓이 아닙니다

변화를 향한 저항은 뿌리가 깊습니다. 우리는 때로 진정으로 갈망하는 것이 무엇인지조차 잊곤 합니다. 오랜 시간 고립된 채 지내다 보면, 병든 삶에 익숙해질 위험이 있습니다. 그렇게 멈춰진 상태로 살아가면서, 원래 무엇을 찾고 있었는지에 대한 기억도 점차 사라집니다. 벳자타 못 가에 있던 병자(요한 5,1-9 참조)는 서른여덟 해나 그곳에 머물렀지만, 자신이 '자비의 집'에 있다는 사실조차 잊고 있었습니다.

예수님은 그에게 한 가지 질문을 하십니다. "건강해

지고 싶으냐?"(요한 5,6) 이 질문은 마음 깊은 곳에 잠들어 있던 그의 갈망을 다시 불러내기 위한 것이었습니다. 하지만 그의 대답은 우리가 당연하게 예상했던 "네, 낫고 싶습니다"가 아니었습니다. 사실 우리는 병이 낫기를 진심으로 원하는지조차 확신할 수 없습니다. 오히려 많은 경우, 병은 불평의 구실이 되기도 합니다. 병을 핑계 삼아 다른 사람들이 우리를 돌보도록 강요하기도 하지요. 병을 앞세워 사랑받을 권리를 주장할 수도 있습니다. 심지어 자신의 병든 상태, 고립된 현실, 멈춰버린 삶을 이용해 타인에게 죄책감을 느끼게 만들 수도 있습니다. 그렇게 이 병은 어느새 우리의 정체성이 되어버립니다. 병을 통해 우리는 '누군가'가 되고, 또 그런 사람으로 타인에게 인식됩니다.

병자의 대답은, 그 책임이 자신이 아닌 다른 사람들에게 있다는 것이었습니다. '(치료의 힘을 가지고 있다고 여기는) 물이 출렁거릴 때, 저를 못 속에 넣어줄 사람이 없습니다.'(5,7 참조) 낫지 못한 이유가 자신에게 있는 것이 아니라, 남들이 도와주지 않았기 때문이라고 말한 것입니다. 나아가 그는 자신의 이 상황을 운명의 탓으로 돌립니다. 적절한 때와 장소에 있지 못한 것은 자신의 잘못이 아니라는 거지요. 그리고 항상 자신보다 먼저 못가에 다다르는 사람들을 탓합니다. 그가 확신하는 단 한 가지는, 이 모든 일이 자기 책임이 아니라는 점입니다. 그러나 우리 삶에서 가장 큰 장애물 중 하나는 바로 자기 책임을 전혀 인정하지 않는 태도입니다. 치유의 여정은, 때로는 고통스럽더라도, 자신의 삶에 대한 책임을 스스로 받아들이는 데서 시작됩니다. 이 과정을 거치지 않는다면, 우리는 결코 앞으로 나아갈 수 없습니다.

이 사람의 병인 중풍은 단순한 신체적 장애가 아니라, 그가 현실을 바라보는 방식에서 비롯된 것입니다. 그는 철저히 수동적인 태도로 살았습니다. 역사는 그를 지나쳐 가고, 그는 그저 바라볼 뿐입니다. 그는 자신의 책임을 지워버린 숙명론에 갇혀 다시는 일어설 수 없는 자리로 자기 자신을 밀어 넣었습니다. 이러한 이유로 예수님께서는 그에게 직접적인 행동을 요구하십니다. "건강해지고 싶으냐? 일어나 네 들것을 들고 걸어가거라."(요한 5,6.8) 이는 '일어나라. 그것은 너에게 달려있다. 네 들것을 들어라'는 뜻입니다. 이 들것은 그의 과거를 의미합니다. 그가 짊어지고 살아온 병의 흔적이고, 그를 붙잡아 눕게 했던 것이며, 그의 삶을 죽음의 상태로 가두어 온 것입니다. 그러나 이제 예수님께서는 그에게 자신의 들것을 직접 들고 가라고 명하십니다. 다시 말해, 자신의 과거를 받아들이고 스스로 책임지라는 부르심입니다. 이는 들것, 곧 과거를 파괴하거나 버려야 한다는 뜻이 아닙니다. 오히려 그 과거를 인정하고, 어떻게 다룰 것인지 스스로 선택하라는 요청입니다.

그렇습니다. 때때로 과거는 우리를 묶어두고 앞으로 나아가지 못하게 만드는 무거운 짐이 될 수도 있습니다. 하지만 예수님은 그 숙명론에서 벗어나도록 도와주십니다. 우리를 다시 일으켜 세우시고, 부활한 사람으로서 다시 걷도록 이끌어 주십니다. 우리의 삶은 언제든 새롭게 시작할 수 있습니다.

셋째 단계

무덤에서 나오너라

나는 병들었지만

자꾸 덮어두고 외면하다 보면, 어느새 돌무더기 속에 묻히게 됩니다. 이런 상황에서 변화를 미루는 것은 우리에게 아무런 도움이 되지 않습니다. '나보다 더 힘든 사람도 있지 않느냐'며 애써 위로하거나 모르는 척하며 외면하는 것은 결국 스스로 파놓은 무덤 안에 자신을 가두고, 삶 자체를 그 안에 묻어버리는 일이 되고 맙니다.

두 종류의 무덤이 있습니다. 하나는 다른 사람들이 우리 주위에 파놓은 것으로, 그들의 무관심이 우리의 희망을 짓밟아 마치 삶이 끝난 것처럼 만드는 무덤입니다. 또 다른 하나는 우리 스스로가 파놓은 것입니다. 삶을 마주할 용기가 없어 두려움 뒤에 숨으려 할 때, 스스로를 가두어 버리는 무덤입니다. 보지 않기 위해 눈을 감고, 현실을 외면한 채 잠이 듭니다. 그렇게 삶의 불씨는 서서히 꺼지게 되고, 결국 무덤이 됩니다.

우리가 익히 아는 '라자로의 소생'(요한 11,1-44 참조) 이야기의 진짜 주인공은, 라자로가 아니라 무덤입니다. 라자로가 이미 오래전부터 무덤에 누워있었다는 사실이 잊힐 무렵, 이야기는 다시 라자로를 소환하고, 그의 소생을 다룬 몇몇 구절이 그제야 등장합니다. 모든 사건은 라자로가 아닌 무덤을 중심으로 전개됩니다. 이 장소는 하느님의 부재가 곧 생명의 부재임을 상기시켜 줍니다. 예수님께서 곁에 계시지 않을 때, 삶은 꺼져갑니다. 마르타는 "주님, 주님께서 여기에 계셨더라면, 제 오빠가 죽지 않았을 것입니다"라고 말합니다.

시대를 막론하고 인간이 앓는 진짜 질병은 바로 '삶에 대한 두려움'입니다. 두려움은 우리를 깊은 잠에 빠뜨려 마침내 눈을 감게 만듭니다. 요한복음 11장의 '라자로의 죽음'은 이보다 앞선 9장의 '태어나면서부터 눈먼 사람'과 접점이 있습니다. '죽음'과 '눈멂'이 서로 연결되어 있는 것입니다. 이런 인간의 병, 곧 우리를 무덤에 가두어 살아있어도 죽게 만드는 이 병 앞에서도 예수님께서는 결코 포기하지 않으십니다. "주님, 주님께서 사랑하시는 이가 병을 앓고 있습니다!" 라자로의 자매들이 예수님께 전한 이 말이 본문 전체를 여는 열쇠가 됩니다. 우리 각자는 예수님께 사랑받는 이들이면서도 동시에 저마다 병들고 상처받은 존재들입니다. 삶의 무게와 책임을 스스로 짊어질 힘이 없습니다.

"친구들을 위하여 목숨을 내놓는 것보다 더 큰 사랑은 없다."(15,13) 요한복음에서, 예수님이 나중에 하시게 될 이 말씀은 사실 라자로 이야기에서 이미 구체적으로 실현되고 있습니다. 친구를 깨우기 위해 예수님은 실제로 죽음을 각오하고 위험 속으로 뛰어드셨습니다. 요한복음에서 라자로의 소생 사건은 유다인들에게 큰 충격과 스캔들이 되었고, 예수님을 처형하려는 결정을 더

욱 앞당기게 만들었습니다. 그뿐 아니라 "우리도 스승님과 함께 죽으러 갑시다"(요한 11,16)라는 토마스의 말에 암시된 것처럼, 예수님은 얼마 전 자신을 돌로 치려 했던 바로 그 장소로, 의식적으로 되돌아가려고 하셨습니다.(11,8 참조) 우리를 무덤 속에 가두는 두려움 앞에서, 우리 대신 예수님은 죽음을 마주하시는 분입니다.

무덤이 죽음을 상징하는 장소라면, 반대로 무덤 밖은 삶을 이야기합니다. 무덤과 무덤 밖은 서로 맞닿아 있기에, 죽음과 삶은 끊임없이 경계를 이루며 나란히 잇대어 있습니다. 이로써 우리는 무덤 밖인 삶의 자리에 있으면서도 죽음의 두려움, 곧 '죽음이 내 삶을 삼켜버릴 것 같은 깊은 두려움'을 계속해서 접하게 됩니다. 그리고 이 죽음에 어떻게 반응하는지를 매 순간 체험합니다. 예수님은 바로 이 두려움의 자리, '고통의 집' 베타니아에서 우리를 만나십니다.

세상이 고통의 집이며 베타니아입니다. 그 집 안으로 하느님께서 직접 들어오셔서 죽음에서 해방시키십니다. 그리고 하느님께서는 오늘도 절망과 포기로 잠들어 버린 우리를 깨우시기 위해 고통의 집 안으로 끊임없이 들어오십니다. 이 약속은 라자로라는 친구의 이름 안에 이미 새겨져 있습니다. '라자로'는 '하느님께서 도우신다'는 뜻이고 이 이름이 우리 존재 깊숙이 새겨져 있습니다. 그러므로 우리는 하느님의 친구로서 그분의 사랑을 받을 뿐 아니라 고통 가운데 있을 때는 그분의 도움도 받습니다.

그러나 숨 막히는 무덤에 갇힌 상황에서, 우리를 사랑하시는 하느님의 구원을 믿고 기다리는 것은 결코 쉬운 일이 아닙니다. 하느님을 '아는 것'과 하느님을 '믿는 것'은 전혀 다른 차원의 문제이기 때문입니다. 이는 마르타의 모습에서도 드러납니다. 마르타는 자신이 하느님에 대해 많이 알고 있다는 것을 예수님께 반복해서 말했습니다. 사실 우리도 종종 이런 모습을 보입니다. 마치 세상 모든 것을 아는 만물박사인 동시에 신에 대해서도 어느 정도 아는 초보 신학자처럼 행동하기도 합니다. 하지만 하느님을 믿는다는 것은 완전히 다른 여정을 필요로 합니다. 예수님이 무덤에서 돌을 치우라고 명하신 순간, 마르타는 마음속 깊이 눌러두었던 불신을 밖으로 쏟아냅니다. "주님, 죽은 지 나흘이나 되어 벌써 냄새가 납니다."(요한 11,39) 그녀는 여전히 하느님에 대해 '아는 것'에서 하느님을 '믿는 것'으로 완전히 나아가지 못하고 있었습니다. 사실 다른 이들에게 어떻게 살아가야 하는지 훌륭한 조언을 건넬 수 있는 사람들이, 정작 하느님께서 '너 역시 상처받고, 희망을 필요로 하는 존재다'라고 말씀하실 때, 그 말씀이 자신에게도 해당된다는 사실을 인정하는 데는 큰 어려움을 겪습니다.

때로 우리가 갇혀있는 무덤은 삶을 정당화하거나 우리 삶에 의미를 부여하기 위해 스스로 만들어 낸 것일 수도 있습니다. 어떤 때에는 다른 이들이 우리를 이 고통스러운 무덤 속으로 밀어 넣었을 수도 있지요. 그런데 아이러니하게도, 시간이 흐르면서 우리는 그곳에 머무는 것이 그리 나쁘지만은 않다고 스스로를 설득하고 맙니다. 고통스럽지만 익숙해진 그곳을 이제는 내 자리라고 받아들이기 시작한 것입니다.

이런 모습을 마리아에게서 볼 수 있습니다. 마리아는

자신의 삶을 무덤으로 바꿔버린 채, 우는 것 외에는 그 무엇도 할 줄 몰랐습니다. 그녀는 단순히 세상을 떠난 사람을 애도하는 여인의 역할을 맡은 것이 아니었습니다. 오히려 그저 울기 위해 존재하는 사람이 되어버렸지요. 마리아와 가장 강하게 자주 연결되는 동사는 바로 '울다'입니다.(11,31–35 참조) 그녀는 자기 슬픔의 눈물을 자기 삶 속에, 그리고 심지어 주변 사람들의 삶 속에 흘려보냈습니다. 사람들이 그녀의 우는 모습을 보면, 함께 울지 않고는 배길 수 없는 분위기가 되곤 했습니다. 예수님마저도 마리아의 눈물을 보시고 슬픈 마음이 복받쳐 올랐습니다.

마리아가 예수님을 만나기 위해 집을 나섰을 때, 주변 사람들은 무덤에 가서 또 울려는 것이라고 생각했습니다. 예수님은 바로 그런 마리아를 만나러 오셨습니다. 삶을 무덤으로 바꾸어 버린 사람, 무덤이란 슬픔에 갇혀 울기밖에 할 줄 모르는 사람을 일으켜 세우러 오신 것입니다.

우리 역시 무덤으로 바뀌어 버린 집을 벗어나 생명을

만나러 나아가라는 부르심을 받았습니다. 라자로, 마르타, 마리아뿐 아니라 우리도 무덤에서 나오라는 부르심을 받은 사람들입니다. 그러나 이 부르심은 단숨에 끝나는 것이 아니라 점진적으로 완성되는 여정입니다. 아브라함처럼 우리도 온전히 자아를 실현할 수 없는 땅에서 '떠나라'는 부르심을 받습니다. 이 여정에서 하느님께서는 우리에게 모든 것을 혼자서 해내라고 요구하시지 않습니다. 예수님이 무덤 곁에 있는 사람들에게 라자로의 붕대를 풀어주라고 명하신 것처럼 말입니다.

하느님께서는 우리를 움직이지 못하게 하고, 앞으로 나아가지 못하게 하는 것에서 자유롭게 하십니다. 그러나 때때로 우리는 우리의 무덤에 너무 집착한 나머지, 무덤 밖으로 나오라는 하느님의 외침조차 듣지 못할 때가 있습니다.

사랑받는 존재입니다

죽음의 자리에서 벗어나기 위해서는 단지 누군가로부터 용서받는 것만으로 충분하지 않습니다. 자신을 용서하고, 나아가 자신이 사랑받을 가치가 있는 존재임을 깨닫는 것이 필요합니다. 그런데 때로 우리를 억누르고 깊이 상처 입히는 것은 바로 우리를 향한 타인의 판단입니다. 가장 위험한 것은, 그들의 판단이 옳다고 생각하고 우리가 정말 그들이 생각하는 그대로의 사람이라고 여기는 것입니다. 그렇게 우리는 다른 사람들의 시선과 평가에 우리 자신을 맞추게 되지요. 이는 타인으로 하여금 우리 자리에 와서 우리 이야기를 쓰도록 하는 것이나 다름없습니다.

이와 같은 현실 속에서 예수님은 다시 한번 상기시키십니다. 다른 사람들이 우리를 어떻게 보든, 그것이 우리의 본질을 규정할 수는 없다고 말입니다. 그리고 우리가 진정 우리 자신으로 살기 위해서는, 먼저 우리를 가리고 있는 그 가면부터 벗어던져야 합니다. 물론 사람들은 여전히 자기 방식대로 우리를 평가하고 판단하겠지만, 그들의 생각이 우리 삶을 좌우하도록 더 이상 내버려두어서는 안 됩니다. 바로 예수님께서 '간음한 여인'(요한 8,1-11 참조), 불안하고 완고한 남자들에 둘러싸여 그들의 좌절을 받아내는 대상이 된 한 여인과 함께 걸어가신 여정은 이러한 사실을 잘 보여줍니다.

사실 삶은 거울 놀이와도 같습니다. 차마 직면하지 못하는 자기 자신의 좌절감을 타인에게 투사하여 그것을 마치 그 사람의 본질인 것처럼 단죄합니다. 예수님은 이 거울 놀이에 기꺼이 참여하시어 그 중심에 자리 잡으셨습니다. 장면 한가운데 놓인 여인은 그를 둘러싼 모든 남자들의 내면을 비추는 거울이 되었습니다. 그들은 율법을 온전히 지키지 못하는 자신의 한계를 이 여인의 모습 안에서 보았습니다. 그들의 좌절과 끝까지 충실하지 못하는 불성실함을 그녀에게 투영한 것입니다. 여인의 간음 행위는 그들 자신도 저지를 수 있는 것이었고, 그것은 하느님 앞에서 절대 감출 수 없는 자기 내면의 불충실함을 드러내고 있었습니다.

그들의 분노는 여인에게 향했습니다. 사실 그 분노는, 하느님 말씀에 끝까지 순명하지 못하는 자기 자신을 향한 분노였습니다. 그들 역시 간음하다가 하느님께 붙잡혀 온 자들이었기 때문입니다. 우리 모두는 간음을 저지릅니다. 자기 자신에게도, 부르심에도, 가장 소중한 관계들에도 충실하지 못한 채 살아갑니다. 진심으로 사랑한다고 말하면서도 끊임없이 다른 사랑을 찾아 헤매고, 그들이 들려주는 달콤한 약속에 매번 속아 넘어갑니다. 우리는 겨우겨우 지금 이 자리에서 삶을 붙들고 있지만, 언제든 도망칠 구실을 찾으며, 마치 한여름 밤의 덧없는 사랑처럼 한순간의 감정에 모든 것을 내어주곤 합니다.

침묵을 일관하신 예수님은 어느 순간 땅에 무언가 쓰기 시작하셨습니다. 정확히 무엇을 쓰셨는지 알 수 없지만, 모래 위에 남긴 그 글씨는, 성경을 가장 가까이서 다뤄온 율법 학자들이 알아볼 수 있는 구절이었던 것 같습니다. 예수님이 그들 앞에 거울 하나를 세우신 셈입니다. 하느님 말씀의 전문가인 그들에게 말씀 그 자체보다 더 좋은 거울은 없었을 것입니다. 예수님은 언제나 우리가 예상치 못한 방식으로 찾아오십니다. 피하려 해도 마주할 수밖에 없는 사건이고, 감추려 해도 우리를 있는 그대로 드러내시는 분입니다.

여인은 간음의 현장에서 잡혀왔습니다. 그녀를 데려온 이들은 그 죄의 순간을 폭로하기 위해 오래전부터 몰래 지켜보고 있었던 것처럼 보입니다. 사실 우리 모두는 이렇게 서로를 감시하며, 타인의 추락을 기다리곤 합니다. 그런데 삶이란 본래 거울과 같은 것이라, 결국 타인의 추락은 우리 자신의 추락이 되기도 하지요. 이 거울 놀이의 상황은 순식간에 뒤바뀌었습니다. 고발하는 자들이 어느새 고발당하는 자들의 자리에 선 것입니다. 우리는 지금, 누가 고발당하는지 알 수 없는 모호한 재판 앞에 있습니다. 율법 학자들과 바리사이들은 자신들의 옳음을 증명하기 위해 예수님을 재판관 자리에 세워 이용하려 하지만, 실제로 고발당하는 사람은 예수님이십니다. 간음한 여인이 바로 예수님의 거울입니다. 그녀처럼 예수님도 곧 죽음을 선고받으실 것이기 때문입니다. 이 여인의 운명 속에서 예수님은 당신 자신의 운명을 미리 내다보고 계십니다.

몸을 일으키신 예수님은 율법 학자들과 바리사이들이 요구하는 재판관의 역할을 거부하셨습니다. 그리고 자리를 옮기시어 그들이 여인의 간음 속에서 자신들의 모습을 바라보게 하셨지요. 그들은 그 여인에게서 각자 자신의 '죄'를 마주하게 되고, 자신들이 마땅히 받아들여야 할 운명과 그 운명에서 해방되는 희망을 발견할 수 있게 되었습니다. 고발하던 자들은 이제야 고발당하는 처지가 되었음을 깨닫게 된 것입니다. 율법 학자들과 바리사이들이 모두 떠나간 뒤, 예수님은 비로소

이 여인 앞에서 참된 재판관이 되셨습니다. 죄 없으신 분, 그렇기에 오직 그분만이 그녀를 정죄할 수 있는 진실한 심판자이십니다. 이제 예수님은 몸을 일으키시어 그녀를 마주하셨습니다. 죽음을 이기시고 우리의 정죄를 없애신 분, 이미 부활하신 분으로 그녀 앞에 서계신 것입니다.

지금 이 순간부터 이 여인은 우리 모두를 비추는 거울이 됩니다. 그녀에게서 우리는 해방된 우리 자신을 봅니다. 그리고 깊은 놀라움을 만나게 됩니다. 우리는 간음을 저질렀지만, 그 어떤 돌도 우리 머리를 내리치지 않습니다. 여인도 우리도 용서받을 자격이 없습니다. 그러나 하느님께서는 용서를 거저 베푸십니다. 이 여인에게서 우리는 우리 자신이 느끼는 놀라움을 발견합니다. 하느님께서는 우리가 이룬 성취로 당신께 사랑받는 것이 아니라, 있는 모습 그 자체로 사랑받는 존재라고 말씀하십니다.

나는 어떤 목소리를 듣고 있나요?

우리의 삶은, 우리가 어떤 목소리를 선택해 듣느냐에 달려있습니다. 우리를 유혹하는 목소리, 여러 겹으로 겹쳐져 혼란을 주는 목소리, 누구보다 크게 소리쳐 지배하려는 목소리가 있을 수 있습니다. 그러나 오직 사랑하는 이의 목소리만이 우리를 생명으로 이끌어 줍니다. 그것은 마치 양들이 목자의 목소리를 따르는 것과 같습니다. 주의를 기울여야 하고, 목자의 목소리를 다른 소리와 혼동하지 않아야 합니다. 지금 당신은 당신의 삶에서 어떤 목소리를 듣고 있나요? 당신을 돕고, 또 당신의 진정한 가치를 되찾아 주는 목소리인가요? 아니면 당신을 짓누르고 스스로를 초라하게 만드는 목소리인가요?

때로 복잡한 미로가 되는 삶 안에서 우리는 필사적으로 출구를 찾으려 합니다. 그럴 때면 비행기 이륙 전에 들려오는 기계음 섞인 승무원의 안내 음성이 늘 생각납니다. '여러분 뒤편에 출구가 있습니다!' 사람은 누구나 피할 수 없이 겪게 되는 복잡하고 힘든 상황에서 빠져나갈 문 하나를 애타게 찾곤 하지요. 그런데 어떤 때에는 지나치게 두려움에 사로잡히기도 하고, 자신이 출구를 향해 제대로 가고 있다고 너무 확신한 나머지, 오히려 제자리를 맴돌며 표류하기도 합니다. 그렇다면 무엇이 우리를 가장 가까운 출구로 인도할까요? 승무원의 안내 소리는 여전히 우리 곁에 남아, 기내 통로의 '빛나는 길'이 우리를 가장 가까운 출구로 향하게 해줄 것임을 알려줍니다. 어떤 의미에서, 예수님은 우리를 생명으로 이끄는 그 '빛나는 길'을 열어놓으신 분입니다.

우리는 두렵고 불안한 순간에 생명으로 이끄는 '빛나

는 길'을 찾아 나섭니다. 이 여정 속에서 두 가지 근본적인 욕구를 마주합니다. 하나는 인정의 욕구입니다. 가족이나 친구들의 익숙하고 따뜻한 목소리를 들으며, 혼자가 아니라는 확신을 얻고자 합니다. 다른 하나는 안전의 욕구입니다. 위험하거나 불확실한 상황에서도 누군가가 나를 보호하고 이끌어 준다는 신뢰 덕분에 용기를 잃지 않게 됩니다. 주님께서는 우리가 걸어가야 할 '빛나는 길'을 열어주십니다. 그리고 우리의 두 욕구에 응답하시어 이름을 불러 존재를 인정해 주시고 안전하게 선善으로 이끄십니다. 이와 반대로 우리를 출구에서 멀어지게 하는 도둑들과 강도들도 존재합니다.(요한 10,1-18 참조)

무엇보다도 도둑들과 강도들은 우리 내면에 자리합니다. 우리의 마음을 옥죄는 두려움, 경직된 사고방식, 완고함이 대표적인 도둑들이고 강도들입니다. 또 우리를 어디로든 나아가지 못하게 하면서 에너지만 소모하게 만드는 반복적이고 무기력한 생각들 역시 그 부류에 속합니다. 엠마오로 가던 제자들도 바로 이 생각에 빠져있었습니다. 하지만 도둑들과 강도들은 우리 바깥에도 존재합니다. 자신의 권력을 남용하는 사람들, 건설하기보다 부수고 망가뜨리는 데 열중하는 사람들, 위협과 공포로 타인을 마비시키는 사람들 말입니다. 이들은 때로 악이 놓은 덫에 걸려 자신도 모르는 사이에 악의 도구가 되고, 이미 그 악에 사로잡힌 탓에 더 이상 올바른 결정을 내릴 수 없는 상태에 이릅니다. 그러나 우리가 참된 목자의 목소리에 익숙해지고, 그분과 친밀한 관계를 맺고 있다면, 폭풍이 몰아치는 순간에도 그분의 목소리를 분별해 들을 수 있을 것입니다.

목자는 울타리 안으로 우리를 받아들이고, 우리로 하여금 불안을 내려놓게 하며 안정시켜 줍니다. 울타리는 경계가 있는 공간입니다. 건강한 관계에는 자유롭게 드나들 수 있는 문이 있기 마련입니다. 그런데 우리가 맺는 관계에는 종종 이 문이 없습니다. 관계를 소유하려 들고, 서로를 억압하며 질식시키기 때문이지요. 이때 울타리는 자유로운 공간이 아니라 서로를 가두는 감옥이 되고 맙니다.

이와는 달리 예수님과의 관계는 생명을 줍니다. 자유롭게 나가고 들어가는 문이 있기 때문입니다. 성경의 어법에서 '나가고 들어온다'는 표현은 바로 생명을 나타냅니다.(신명 28,6; 시편 121,8; 요한 10,9 참조) 건강한 관계 안에는 이렇게 자유롭게 드나드는 문이 분명 존재합니다.

마시모 레칼카티Massimo Recalcati가 말한 것처럼, 우리가 인정받고 안정감을 느끼는 가장 훌륭한 공간은, 아이가 세상과 관계 맺는 법을 배우는 최초의 얼굴, 바로 '어머니의 얼굴'입니다.[5] 어머니의 얼굴에는 기꺼이 생명을 주고, 언젠가는 세상으로 자유롭게 떠나보내는 모든 관계의 원형적 모습이 담겨있습니다. 어머니와의 관계는 모든 관계의 표본이 됩니다. 이 관계 안에서 우리는 소유당하지 않으면서도 생명을 받고 있음을 느낍니다. 동화「빨간 모자」역시 우리에게 가르쳐 주는 것이 있습니다. 숲속에 늑대가 있을지도 모르는 매우 위험한 상황인데도 어머니는 딸을 억지로 붙잡아 두지 않습니다. 어머니는 숲속으로 향하는 딸에게 용기를 북돋워 주고 안정감을 심어주면서 스스로 나아가게 하지요. 바로 이러한 '인정과 결속'이, 모든 '빨간 모자'가 두려움 없이 숲과 늑대를 마주할 수 있는 힘이 됩니다.

예수님도 늑대 사이에 양을 보내듯이 우리를 보내십니다.(마태 10,16 참조) 그분의 말씀은 언제나 진실하시기에 삶의 어려움을 감추거나 미화하지 않으십니다. 우리가 단지 양일 뿐인데, 늑대들 앞에서 무엇을 할 수 있을까요? 아마 목자를 외쳐 부르는 것뿐일 테지요. 우리의 목소리를 들으시는 목자는 곧바로 우리를 구하러 오시어 '빛나는 길'로 이끌어 주실 것입니다. 그러니 우리는 주의를 기울여야 합니다. 가장 가까운 출구는 우리가 생각하는 '앞'이 아닌 그분께서 부르시는 '뒤'에 있을 수도 있기 때문입니다.

넷째 단계

그건 진짜 내가 아니에요!

당신이 선택한 가면은?

극작가 셰익스피어는 이렇게 말한 적이 있습니다. "온 세상은 하나의 무대이고, 모든 사람은 그저 배우일 뿐이다. 저마다 무대에 등장하고 퇴장한다. 그리고 각자는 주어진 시간 동안 여러 역할을 연기한다."

지금 당신은 어떤 역할을 맡아 살아가고 있나요? 그것에 만족하고 있나요? 항상 그 역할을 해왔나요, 아니면 어느 순간 변화가 있었나요? 무엇보다 지금의 역할에 만족하는지, 차라리 다른 역할을 맡고 싶은지 스스로에게 솔직히 물어봅시다.

내적 치유의 여정은, 어떤 사람이 되고 싶은지를 의식적으로 선택하고, 그 선택을 주체적으로 받아들이는 데에서 시작됩니다. 그러나 먼저, 우리가 어떻게 지금에 이르게 되었는지 이해하는 것이 필요합니다. 지금의 모습이 되기까지 어떤 일들이 있었는지 살펴보는 것이지요. 아마도 인생의 어느 시점에 우리는 중요한 결정을 내렸을 것입니다. 전문가들은 그 시기를 대략 일곱 살 정도로 봅니다.

제 경우를 예로 들자면, 저는 그 나이 때에 이런 생각을 했습니다. '바르게 행동하고, 학교에서 좋은 성적을 받으면 부모님이 기뻐하시겠지'라고 말입니다. 형제가 다섯이나 되다 보니, 저는 저만의 자리를 찾아야 했습니다. 그래서 '반에서 일등이 되는 것'이 제 역할이라고 굳게 믿었습니다. 그때부터 그 목표를 이루기 위해 온 힘을 쏟아 붓기 시작했고, 목표에 어긋나는 다른 관심사들은 모두 희생했습니다. 늘 최고 수준을 유지해야 한다는 부담은 끝없는 불안을 가져왔지요. 자연스레 놀이는 시간 낭비로 느껴졌고, 재미를 추구하는 시간은

반에서 일등을 하는 데 방해가 된다고 여겼습니다.

우리 삶의 이러한 '원초적 결정'은 외부로부터 받는 확신에 따라서도 이루어집니다. 특히 권위 있는 어른들로부터 인정받고 존중받는다고 느낄 때, 자신의 선택을 더욱 굳게 확신하게 됩니다. 이제, 어린 시절 당신이 내렸던 그 '결정'을 다시 한번 되짚어 볼 필요가 있습니다. 그 결정을 내릴 당시, 상황을 분석하고 판단하는 비판적인 능력이 충분치 않았다는 사실을 기억하는 것이 무엇보다 중요합니다. 이제는 그 어린 시절의 결정에 이끌려 살아가는 것을 멈추고, 새로운 결정을 내릴 수 있어야 합니다.

사실 대부분의 고통은 그 당시 결정의 책임을 우리가 온전히 떠안아야만 한다는 데서 비롯됩니다. 그것을 '십자가'로 여겼고, '어쩔 수 없이' 짊어지고 가야만 한다고 생각했던 것입니다. 어쩌면 우리는 그 역할이 우리에게 맞지 않는 데서 오는 고통을 오래전부터 느꼈지만, 정작 그 역할을 내려놓아도 된다는 생각은 아예 해보지도 않았고, 그럴 용기도 없었는지 모릅니다.

현재 우리가 마주하는 몇몇 상황은 어린 시절을 떠올리게 하기 때문에 우리에게 고통을 안겨다 줍니다. 그때 우리는 스스로 선택한 역할과 책임에 무슨 일이 있어도 충실해야 한다고 생각했지요. 그런데 지금 어떤 일로 굴욕을 느꼈다면, 어쩌면 그것은 우리 내면 깊숙이 남아있는 옛 기억을 자극했기 때문일지도 모릅니다. 마치 어릴 적, 계획했던 일이 실패로 돌아가 아버지에게 꾸지람을 들었을 때 느꼈던 그 감정처럼 말입니다. 현재의 상황은 과거의 경험과 '닮아있고', 우리를 그 과거의 자리로 옮겨놓습니다. 지금도 계속되는 당신의 고통은, 스스로 짊어진 혹은 누군가 당신에게 강요한 그 역할에 '반드시' 부응해야 한다는 강박에서 비롯된 것일 수 있습니다.

그런데 여기 기쁜 소식이 있습니다. 그렇게 '반드시' 따라야만 하는, 미리 정해진 대본 같은 것은 사실 존재하지 않는다는 것입니다. 일반적으로 우리는 삶의 마지막 장면이 어떻게 끝날지 너무 빨리 결정짓고, 그 결말에 맞추려 필사적으로 노력합니다.

만약 어떤 사람이, 자기 인생은 실패로 끝나야 한다고 결정했다면, 그는 이미 정해놓은 그 마지막 장면을 현실로 만들기 위해 일련의 행동들을 실행에 옮길 것입니다. 반대로, 성공한 사람이 되어야 한다고 결정했다면, 비록 실제로는 그렇지 않더라도, 남들이 자신을 성공한 사람으로 믿게 만들기 위해 타인을 이용하고 조종할 것입니다. 또 내가 불행해야 한다고 결정했다면, 자신이 맺는 모든 관계가 문제투성이가 되도록 만들어 갈 수도 있습니다. 결국 당신의 많은 행동들이 이런 오래된 결정에 따라 좌우되었지만, 그렇다고 해서 앞으로도 그 결정에 계속 끌려 다닐 의무는 없습니다.

여기서 간단하지만 의미 있는 연습을 하나 해봅시다. 당신이 어렸을 때를 상상해 보고, 그 시절 당신이 자주 들었던 말을 떠올려 보는 겁니다.

'너는 … 아이야.'

우리가 그 '결정'을 내렸던 이유는, 어렸던 그 시절, 우리에게 적대적이고 어쩌면 위협적이기까지 했던 세상에서 살아남기 위해 취할 수 있었던 최선의 전략이었기 때문입니다. 하지만 지나간 과거일 뿐입니다! 당시 우리가 가진 선택지들은 어린아이로서 가질 수 있는 전부였습니다. 우리는 너무 작았고, 세상은 너무 거대했으며, 모든 것이 위협처럼 느껴졌습니다.

어린 시절의 결정은 우리가 맺는 인간관계에도 영향을 미칩니다. 그것이 우정 관계이든 연인 관계이든, 혹은 함께 일하는 사람과의 관계이든 말입니다. 사실 우리는 우리 역할을 보완해 줄 사람을 본능적으로 찾으려 합니다. 만약 내가 적십자 간호사가 되기로 결정했다면, 나는 도움이 필요한 사람을 찾을 것입니다. 만약 내가 왕자가 되기로 결정했다면, 나는 구원할 사람을 찾을 것입니다. 만약 내가 곰 인형이 되기로 결정했다면, 나는 나를 안아줄 사람을 찾을 것입니다. 그렇게 나의 필요를 채우는 데에만 기반한 관계는 언젠가 반드시 위기를 맞습니다. 나는 상대방을 그 사람 자체가 아니라, 나의 필요를 충족시켜 줄 도구로 선택했기 때문입니다. 상대가 더 이상 나의 필요에 부응하지 못하거나 태도가 변할 때, 또는 나를 위한 도구 역할을 거부할 때, 관계는 흔들리기 마련입니다.

건강한 관계는 그 관계가 어떤 형태이든 상대가 나의 필요를 채워줄 사람이기 때문이 아니라, 그 사람 자체를 있는 그대로 선택할 때에만 지속될 수 있습니다. 그러나 내가 나 자신의 진짜 필요를 모르고 그저 채워줄 사람만을 찾는다면, 결국 나는 나 자신을 제대로 알지도 온전히 살지도 못하게 됩니다. 그러고는 그 관계 속에서 자신을 잃어버리게 됩니다.

그래서 영적 여정이 필요합니다. 영적 여정이란 하느님 앞에서 진정한 나 자신을 찾고, 나를 위해 더 좋은 것을 주님과 함께 다시 선택하는 과정입니다. 오늘 나를 바라보시는 하느님의 시선으로 내가 어떤 사람이 되고 싶은지 다시 결정하는 과정입니다.

오늘 나는 자신에게 어떤 메시지를 전하고 싶나요? 이 단순한 연습을 매일 반복하는 것이 우리에게 도움이 될 수 있습니다.

예수님은 우리의 가면을 벗기십니다

복음서에서도 예수님은 지금 우리가 어떤 역할을 연기하고 있는지 스스로 깨닫도록 초대하십니다. 특히 루카복음에서는 등장인물을 마주 보게 배치하는 구도를 통해 이 점을 강조합니다. 이는 각자가 상대와의 대조 안에서 자기 자신을 인식하게 하려는 의도에서 비롯된 것입니다. 대표적인 예가 성전에 기도하러 올라간 바리사이와 세리 이야기입니다.(루카 18,10-14 참조)

바리사이는 기도하는 내내 "제가… 저는…"이라고 말하며 '나'라는 단어를 반복합니다. 이는 마치 자신이 하느님의 자리를 차지하려는 듯한 모습입니다. 바리사이는 세리를 두려워합니다. 세리의 나약함을 보면서, 자신 또한 그렇게 될 수 있다는 사실을 알고 있기 때문이지요. 그래서 그는 자신과 세리 사이에 경계를 긋고, 그 차이를 분명히 하려고 합니다. 그리고 자신이 만들어낸 완벽한 이미지 안에 자신을 가두어, 그 이미지를 자신에게 끊임없이 되뇌이며 자기가 그런 모습을 갖추었다고 스스로를 설득합니다.

바리사이의 기도는 사실 하느님께 드리는 것이 아니라 자기 자신에게 하는 말입니다. 그는 자신이 일주일에 두 번 단식한다고 자랑합니다. 레위기에서는 일년에 한 번, 속죄의 날에만 단식할 것을 명하고 있습니다.(레위 16장 참조) 또 그는 자신이 가진 모든 것에 대해, 심지어 자신이 구입한 물건에 대해서까지 십일조를 바친다고 말합니다. 그러나 율법은 오로지 생산하여 판매하는 것에 한해서만 십일조를 내도록 규정합니다.(27,30-32 참조)

바리사이의 이런 과도한 행동 이면에는 타인에 대한

불신과 편견이 자리하고 있습니다. 그는 스스로를, 일년에 한 번도 단식하지 않는 사람들을 대신해 단식하고 있다고 여깁니다. 또 자신이 구입한 물건이 혹시라도 십일조를 내지 않은 사람이 판 물건일까 봐 불안한 나머지 이중으로 십일조를 바칩니다. 이처럼 바리사이의 행동은 하느님에 대한 신뢰에서 비롯된 것이 아니라, 타인에 대한 극도의 불신과 스스로 완벽한 사람이 되어야 한다는 강박에서 비롯된 것입니다.

반대로 세리는 있는 그대로 자신의 한계를 인정합니다. 그래서 그는 의롭게 되어 돌아갑니다. 다시 말해, 거짓 자아에서 벗어나 자유로워진 것입니다. 이에 반해 바리사이는 계속해서 완벽의 가면을 고집한 채 그 무게를 지고 돌아갑니다.

루카 복음사가는 또 다른 대조의 구도를 우리에게 보여줍니다. 시몬과 죄 많은 여인이 주인공으로 나오는 이야기가 그것입니다.(루카 7,36-47 참조)

시몬은 바리사이입니다. 그는 예수님을 자기 집에 초청하는데, 아마도 그분께서 기적을 베풀어 주신 것에 대한 감사를 표하기 위해서였을 것입니다. 그런데 갑자기 죄 많은 여인 하나가 집으로 들어와 예수님의 발을 자기 눈물로 씻고 향유를 부어 그 위에 발랐습니다.

시몬은 언제나 의로운 사람, 완벽한 사람, 어떤 잘못도 없는 사람의 역할을 하고 있습니다. 그는 늘 자기 의무를 다하지만, 정작 사랑에 이르지는 못합니다. 그는 자기 자신의 완벽한 이미지를 보존하는 데 너무 몰두해 있기 때문입니다. 예수님은 그런 시몬에게, 죄 많은 이는 다른 사람이 아니라 바로 시몬 자신임을 깨닫게 하십니다. 시몬은 자신을 의인이라고 여기고 있지만, 실제로는 전혀 다른 역할을 하고 있었음을 깨닫습니다. 예수님의 인정과 칭찬을 기대하며 자신이 베푼 사랑의 대가를 바라는 이가 바로 그였기 때문입니다. 더욱이 시몬은 예수님을 참예언자로 여기지 않았습니다. '예수님이 예언자라면, 저 여자가 어떤 사람인지 바로 알아챘을 텐데'라고 속으로 생각했기 때문이지요. 하지만 그는 예수님께 그렇게 말할 용기가 없었습니다. 이에 반해 그 여인은 예수님께 아무것도 청하지 않고, 오직 사랑만을 원합니다. 그녀는 있는 그대로의 자기 자신입니다. 가면도 쓰지 않았고 숨지도 않았습니다.

마지막으로, 우리가 대부분 의식하지 못한 채 살아오며 맡았던 역할과 연기한 대본을 성찰하는 데 도움을 주는 대비 장면은, 예수님께서 마르타와 마리아를 서로 마주 보게 하신 장면입니다.(루카 10,38-42 참조)

예수님께서 마르타를 해방시키고자 하신 역할은 이러했습니다. 아무 예고 없이 예수님께서 방문하셨던 그날, 아마도 마르타는 그분의 말씀을 경청하고 싶어 하지 않았을 것입니다. 그러나 그것을 솔직하게 말할 용기가 없었고, 그래서 소위 '좋아 보이는 일'이라는 가면 뒤로 숨습니다. 그녀는 예수님을 위해 분주하게 일하기 시작합니다. 하지만 사람들에게 인정받고 칭찬받을 수 있는 그 분주한 모습 뒤에는, 사실 전혀 다른 동기가 숨어있었지요. 예수님은 그 가면을 벗겨내십니다. 물론, 타인을 위해 분주히 움직이며 끊임없이 일하는 삶을 계속 선택할 수도 있습니다. 그러나 중요한 것은 그렇게 선택한 자기 결정의 무게를 다른 이에게 떠넘기지 않는 책임감이 필요하다는 점입니다. 마찬가지로 마리아 역시 자신만의 역할을 선택하고 결정할 자유가 있습니다. 마리아는 마르타와는 다른 방식으로 살아갈 자유가 있으며, 마르타가 선택한 삶의 방식과 다르다는 이유로 죄책감을 느낄 필요가 없습니다.

우리가 가면을 쓰는 이유는 다양합니다. 때로는 누군가가 우리를 잘못된 사람으로 여기는 경우도 있지요. 그런 판단을 마주했을 때, 우리는 가면 뒤로 숨거나 그 가면에 억지로 끼워 맞추는 쪽을 선택했을지도 모릅니다. 하지만 시간이 흐르면서, 진짜 내가 아닌 역할로 살아가는 것이 얼마나 버거운 일인지 깨닫게 됩니다.

이제 하느님께서 만드신 그 모습 그대로 자신을 바라볼 때입니다. 그리고 다른 누구도 아닌 스스로가 자기를 믿고 인정하는 것이 무엇보다 중요합니다. 우리 역시 하느님께서 부여하신 본래의 아름다움을 스스로 받아들이라고 부름받았습니다. 바로 그 자리에서 우리는 진정한 자기 자신을 다시 느낄 수 있습니다. 마르틴 부버는 「인간의 길」에서 이렇게 말합니다. “이 세상에 태어나는 사람이면 누구나 새로운 무엇, 그 이전에 있은 적이 없던 무엇, 근원적이고 유일무이한 무엇을 의미한다. … 라삐 수샤는 임종하기 직전에 이렇게 말했다. '내세에서 나보고 너는 왜 모세가 아니었느냐고 묻지는 않고, 너는 왜 수샤가 아니었느냐고 물을 것이다.'"[6]

다섯째 단계

정말 부족한 것은 무엇인가요?

갈망을 다시 찾기

우리 앞을 가로막던 것으로부터 자유로워지고 나서야, 비로소 자신에게 정직한 질문을 내놓을 수 있습니다. '무엇이 부족한가?' 다른 말로 하면, '내가 진정으로 원하는 것은 무엇인가?'

내적 치유의 여정은 우리가 무엇을 추구하는지, 또 무엇이 우리 삶을 무의식적으로 이끌어 왔는지를 분명히 하지 않고서는 이어질 수 없습니다. 하지만 많은 경우, 이 질문에 솔직하게 답하지 못하면서 고통을 겪습니다. 이 질문을 구석에 감춰둔 이유는, 우리가 찾는 것을 얻을 수 있다는 희망 자체를 잃었기 때문일지 모릅니다. 혹은 부족한 부분을 채워낼 능력이 없다고 느끼거나, 아직 이 물음에 답을 내놓을 준비가 되지 않았다고 생각하기 때문일 수도 있습니다. 그렇게 우리는 애써 그 질문을 외면하고 맙니다. 그러면서 우리 일상은 점점 메마르고 좌절과 무기력함으로 흐려져 갑니다. 그리고 그 대가는 우리 가까이에 있는 사람들에게 돌아가곤 합니다.

무언가를 얻고 싶다면, 가장 좋은 방법은 그냥 찾기 시작하는 것입니다. 비록 원하는 것을 정확히 얻지 못하더라도, 적어도 그 과정을 통해서 삶을 충실히 살아냈다고 할 수 있을 것입니다. 여기 아름답지만 조금 낯선 단어가 있습니다. 바로 세렌디피타serendipità입니다. 이 단어는 '일단 움직여 보는 것'이 얼마나 중요한지를 잘 보여줍니다. 세렌디피타는 스리랑카의 옛 이름인 세런딥Serendip에서 유래했으며, 무언가를 찾는 과정에서 전혀 예상치 못한 것을 우연히 발견하는 행운을 뜻합니다. 하느님과의 관계 역시 이 '뜻밖의 발견'을 떼어놓고는 말할 수 없지요. 그분은 언제나 우리를 놀라게 하시고, 우리의 예측 안에 갇혀계시지 않기 때문입니다. 아우구스티노 성인은 이렇게 말했습니다. "만약 당신이 이해할 수 있다면, 그 존재는 하느님이 아닙니다."[7]

그래서인지 복음서는 늘 무언가를 찾는 인물의 이야기로 시작합니다. 그들은 자신이 정확히 무엇을 찾고 있는지조차 모르는 경우가 많습니다.

마태오복음은 심상치 않은 별을 쫓는 동방박사들의 이야기로 시작합니다. 마르코복음에서는 세례자 요한이 등장하는데, 그는 자신이 기대해 온 메시아와는 전혀 다른 분이 자기에게 세례를 받으러 오는 사건을 마주합니다. 루카복음은 저자 스스로가 '찾는 사람'이 되어 역사학자처럼 철저히 조사하고 연구하며 써 내려간 복음입니다. 무엇보다 요한복음에서는 예수님이 제자들에게 '무엇을 찾느냐?', '무엇이 너희에게 부족하냐?'라는 질문 앞에 계속해서 서도록 하십니다. 사실 요한복음 전체가 '갈망을 배우는 여정'이라고도 할 수 있습니다. 우리의 부족함을 예수님께 솔직히 내어놓을 때에만, 그분 자신이 우리가 찾는 것의 참된 해답임이 드러날 수 있습니다. 예수님은 가끔 매우 집요하게 우리를 이 질문 앞에 다시 세우십니다.

이제 요한복음의 몇몇 장면을 함께 따라가면서, 제자의 길이란 결국 자신의 갈망을 점점 더 깊이 발견해 가는 여정임을 보게 될 것입니다.

비록 모든 것이 분명치 않아도

요한복음에서는 머리글이 끝난 뒤, 예수님과 세례자 요한의 제자들이 처음 만나는 장면이 나옵니다.(요한 1,29–42 참조) 이 장면은 누군가를 향한 시선들과 이해되지 않은 말들이 교차하며 전개됩니다. 먼저 세례자 요한의 시선이 예수님을 향하고, 곧이어 예수님의 시선이 시몬을 향합니다. 그리고 이 시선들과 함께 쉽게 풀리지 않는 표현들이 등장합니다. 세례자 요한은 예수님을 바라보며 '어린양'이라고 부릅니다. 매우 강렬한 은유입니다. 이 표현은 제자들로 하여금 오래된 기억(파스카 만찬에서의 어린양, 혹은 성전에서 희생 제물로 바쳐지는 어린양)을 떠오르게 했을 것입니다. 그러나 그들은 아직, 왜 예수님이 하느님의 어린양인지 온전히 이해할 준비가 되어있지 않았습니다. 시몬의 경우에도 마찬가지입니다. 그는 예수님이 자신을 바라보며 '케파'(반석)라고 부르신 의미를 이해하기 어려웠을 것입니다. 아마도 그는 자신의 감추어진 모습이 드러난 듯 느꼈고, 그 말이 자신조차 알지 못했던 삶의 깊은 부분을 건드렸다고 의식했는지 모릅니다.

어쨌든 '어린양'과 '반석'이라는 두 표현은 아직 분명히 이해되지 않지만, 무엇인가를 떠올리게 하는 말들입니다. 무언가를 찾는다는 것은, 명확하지 않은 이런 표현들에 이끌려 한 걸음 앞으로 나아가는 것을 뜻합니다. 길이 완벽하게 닦이고, 모든 것이 선명해진 뒤에야 출발을 생각한다면 우리는 한 발짝도 움직이지 못하게 됩니다. 그래서 우리의 멈춤 상태에서 벗어나도록 예수님은 우리의 '공허함', 곧 우리에게 부족하고 결핍되어 있는 것이 무엇인지 스스로 알아차리도록 초대하십니다. 이 공허함은 때로 '갈망'이라는 이름으로도 불립니다. 우리가 무언가를 찾기 시작하는 이유는, 그것이 지금 우리 손에 없기 때문입니다. 그런데 하느님은 결코 완전히 소유할 수 있는 분이 아니시기에, 우리는 그분을 끊임없이 찾을 수밖에 없습니다. 복음서에서 예수님은 이 질문을 자주 던지십니다. '무엇을 찾느냐?', '내가 너희에게 무엇을 해주기를 바라느냐?', '낫기를 원하느냐?' 예수님의 갈망은 우리가 품고 있는 공허함에 응답하시는 것입니다.

예수님의 첫 제자들처럼 우리 역시 답을 찾고자 합니다. 그러나 삶은 우리에게 이미 완성된 정의定義의 틀 안에 안주하지 말라고 요구합니다. 하느님과의 관계에서는 더더욱 그렇습니다. 예수님의 첫 두 제자는 처음부터 예수님께 '완성된 진리'나 특정한 가르침을 찾고 있었던 것은 아니었습니다. 오히려 그들은 예수님 앞에서 자신들이 무엇을 찾고 있는지도 분명히 알지 못한 채 서있었습니다. 그렇기에 그들은 예수님을 만났을 때 그분의 예상치 못한 주도적인 행동에 다소 놀라고 어색함을 느꼈을지 모릅니다. 먼저 그들에게 몸을 돌리신 분은 예수님이셨고, 그분은 그들이 스스로 깨닫지 못했던 마음속 질문을 일깨우셨기 때문입니다.

'어디에 머물고 계십니까?' 그들이 유일하게 예수님께 던질 수 있었던 이 질문은 단순히 거처를 묻는 것이 아니라 관계에 대한 것이었습니다. 우리가 머무는 곳은 단순한 장소가 아니라 우리가 누구인지를 말해줍니다. '집'은 가족이 함께 모여 사는 공간입니다. 사람과의 관계가 깊어지면 우리는 상대방을 자연스럽게 집으로 초대하지요. 그렇게 가족이 되기도 합니다. 두 제자 중 한 사람이 그 만남의 순간을 또렷하게 기억합니다. "때는 오후 네 시쯤이었다."(요한 1,39) 그런데 정작 본문은 예수님이 어디에 머무시는지 구체적으로 제시하지 않습니다. 장소는 여전히 모호한 채로 남아있습니다. 아마도 예수님을 만날 수 있는 자리가 하나로 고정되어 있지 않기 때문일 것입니다. 하느님은 결코 우리의 경험 안에 갇혀계시는 분이 아닙니다.

두 제자는 예수님과 함께한 그 집에 그대로 머무르

지 않고 다시 세상 밖으로 나아갑니다. 주님과의 관계가 진실한 만남이라면, 그 관계는 반드시 우리를 선포의 자리로 이끌어 예수님께 데려갈 누군가를 늘 만나게 합니다. 안드레아는 시몬을 찾습니다. 그리고 이 만남들로 삶이 변화합니다. 시몬은 '케파'가 됩니다. 이것이 바로 갈망으로 움직이는 삶이고, 지나가는 현실을 그대로 두지 않는 삶입니다. 모든 것이 단번에 변화하지 않지만, 적어도 우리는 변화의 과정을 시작할 수 있습니다.

때때로 놓쳐버리는 중요한 것

우리가 찾고자 하는 것은 평생 고정된 채 머무르지 않습니다. 우리의 갈망은 시간의 흐름에 따라 변화하고, 우리가 지나가는 삶의 시기에 따라 달라지기도 합니다. 때로 이 갈망은 공동체 안에서, 사랑의 관계 안에서, 함께 걷는 여정 속에서 누군가와 나누는 것이 되기도 합니다.

삶에는 인생의 시기들이 있고 하루를 채우는 크고 작은 시간들이 있으며 특별한 의미를 지닌 다양한 순간들이 있습니다. 축제의 순간이 있고, 사랑에 빠지는 순간이 있습니다. 물론 포도주가 떨어져 축제가 일찍 끝날 상황에 처하는 순간도 있지요. 하느님께서 당신을 우리 삶 안에 드러내시는 시간이 있는가 하면, 침묵을 택하시는 시간도 있습니다. 우리가 풍요로워 다른 이들과 기쁨을 나눌 수 있는 시기가 있고, 우리가 가난해서, 마치 요한복음 2장의 혼인한 부부처럼 다른 이들과 나눌 포도주가 충분치 않은 시기도 있습니다.(요한 2,1-11 참조) 특별히 저는 이 장면을 이렇게 상상해 봅니다. 어쩌면 이 부부는 예상보다 많은 손님이 찾아와 포도주가 일찍 바닥났을지 모릅니다. 저는 이 부부를, 손님을 제한 없이 기쁨으로 맞이하고, 손님들에게 사랑받으며, 함께하면 언제나 집처럼 편안함을 느끼게 해주는 사람들로 그리고 싶습니다. 그래서 누구라도 그들의 잔치에 기꺼이 참석하고 싶었을 것입니다.

어느 집의 포도주든 이렇게 아낌없이 넉넉한 환대로 동이 난다면, 그것은 참 아름다운 일입니다. 우리가 가진 포도주가 많든 적든 다른 이들을 위해 내어놓고, 그것이 다 소진되는 바로 그때, 그리스도께서 오셔서 다시 기적을 행하실 것입니다. 그리고 그분이 주시는 것은 그저 그런 포도주가 아니라 더 좋은 포도주라고 확신합니다. 이웃에게 문을 열지 않은 관계는, 자기 포도주만 마시다가 끝나는 관계입니다. 흐르지 않고 고여있기 때문에 그 포도주는 언젠가 시게 됩니다.

어떤 이유로 포도주가 떨어졌든지 간에, 요한 복음사가는 우리에게 이렇게 말하고자 합니다. 우리는 때로 중요한 것을 놓쳐버린다고, 포도주 없는 혼인 잔치는 엉망이 될 수 있다고 말입니다. 이때, 한 여인의 세심한 시선이 그 사실을 알아챕니다. 마리아는 아들에게 이 부부의 갈망에 응답해 달라고 청합니다. 예수님은 그들에게 그저 단순한 포도주가 아닌, 훌륭한 포도주를 선사하십니다.

삶을 낭비하는 위험

요한복음의 여정을 계속 따라가다 보면, 우리가 갈망하는 것을 잘못된 자리에서 찾고 있었고, 바로 그 때문에 아무것도 찾지 못했다는 사실을 깨닫게 됩니다. '목마름'은 오래전부터 '갈망'을 나타내는 가장 대표적인 이미지로 여겨져 왔습니다. 이제 우리가 살펴보려는 성경 본문은 이 '목마름'과 관련된 장면입니다. 이는 하느님께서 우리를 향해 지니신 갈망, 곧 우리를 충만한 삶으로 이끌고자 하시는 그 갈망에 관한 것입니다. 그 충만한 삶에서는 더 이상 물이 없는 곳에서 물을 찾느라 자신을 허비할 필요가 없습니다.

목마름은 깊고 강한 결핍입니다. 꼭 필요하고 중요한 것이 빠진 결핍 말입니다. 목마름은 타는 듯한 갈증이 될 수도 있고, 불안이나 근심이 될 수도 있습니다. 이 때문에 목마름은 늘 여행자들의 동반자가 되었지요. 길, 사막, 산악 지역, 이 모든 곳은 목마름의 장소입니다. 목마름은 우리를 샘으로 이끕니다. 갈증이 깊을수록 허투루 시간을 낭비할 수 없습니다. 사마리아 여인이야말로 이러한 불안을 지닌 여인의 상징입니다. 그녀는 자신의 목마름에 대한 해답을 잘못된 삶의 자리에서 찾던 사람입니다.(요한 4,5–42 참조)

요한복음은 정오 무렵, 물을 길으러 나가는 장면으로 그녀를 소개합니다. 사실 정오는 우물로 가기에 적절한 시간이 아닙니다. 햇살이 가장 뜨거운 시간대여서 사람들은 대개 집 안에 머물러 있기 때문입니다. 그런데도 그녀는 그 시간에 일부러 우물로 향합니다. 누구와도 마주치지 않기 위해서였을지 모릅니다. 그러나 무엇보다, 실패한 혼인이라는 과거의 상처를 심판하고 정죄하는 다른 여인들의 시선을 피하고 싶었을 것입니다. 하지만 정오는 단순히 무더운 시간이기만 한 것은 아닙니다. 빛이 가장 강하게 비추기 때문에 모든 것이 제일 잘 보이는 시간이기도 하지요. 무엇보다 이 여인의 삶에서 정오는, 빛이 가득하게 비춰 자신의 삶을 빈틈없이 드리우는 순간입니다. 곧 드러남의 순간입니다.

한 사람과의 만남과 대화를 통해 이 빛이 그녀의 삶을 비추기 시작합니다. 예수님은 우물가에서 그녀를 기다리고 계십니다. 우물은 흔히 구애나 혼인의 장소로 그려지곤 합니다. 구약성경에서도 우물은 종종 혼인 서약이 이뤄지는 장소였습니다. 예수님은 그녀의 인생사를 길어 올리십니다. 그리고 그녀는 자기 과거를 말하기 시작하면서 점점 깨닫습니다. 자신의 인생은 결핍의 역사였고, 채워지지 못한 갈망의 역사였으며, 만족할 줄 몰랐던 삶의 역사였다는 것을 말입니다. 예수님은 우리가 우리의 결핍을 길어 올리도록, 그것을 드러내도록 초대하십니다. 그래야 그분이 그 빈자리를 채워주실 수 있기 때문입니다.

이 여인은 남편이 다섯이나 있었고, 지금 함께하는 남자도 남편이라고 부를 수 없는 처지였습니다. 결국 그녀의 사랑에 대한 목마름을 이 여섯 명의 남자는 채워주지 못했습니다. '여섯'이라는 숫자는 불완전함을 상징합니다. 불완전하기에 일곱 번째를 기다릴 수밖에 없습니다. 이 여섯 남자는 결국 참된 신랑이신 일곱 번째 분, 곧 우리의 사랑에 대한 결핍을 채워주실 예수님을 가리키게 됩니다. 카나의 혼인 잔치에서도 여섯 개의 물동이가 언급됩니다.(요한 2,6 참조) 그 장면 역시 아직 채워지지 않은 일곱 번째 물동이를 암시합니다. 그 일곱 번째 물동이야말로 예수님의 옆구리에서 흘러나올 피와 물을 예고하는 것입니다.

이 여인에게 예수님은 그녀가 만났던 많은 남자 중 하나일 수 있습니다. 그 만남은 그저 그런, 가볍게 지나가는 만남이 될 수도 있었을 것입니다. 어쩌면 여인 자신이 그렇게 바랐을지도 모르지요. 그러나 예수님은 그녀를 붙잡으십니다. 그녀를 머물게 하시고 오히려 그녀에게 마실 물을 청하십니다. 샘이자 원천이신 분께서 스스로를 낮추시어 가난하게 되셨고, 돌봄이 필요하신 분이 되어 우리를 붙드십니다. 이는 마치 예수님이 우리에게 당신을 돌보아 달라고, 그리고 목마른 수많은 '그리스도'를 돌보아 달라고 청하시는 것과 같습니다. 그렇기에 예수님은 인간의 목마름 안에서 우리로 하여금 당신을 만나게 하십니다.

여인은 이 남자가 자신을 알아가고 있음을 느낍니다. "이제 보니 선생님은 예언자시군요."(4,19) 사마리아 여인은 자신이 지금 '보이고 있다'는 것, 그리고 '인정받고 있다'는 것을 느낍니다. 더 이상 숨은 존재가 아니라 누군가의 시선 안에 있는 존재로 경험되는 그 순간, 그녀는 과거의 자신을 더 깊이 들여다보기 시작합니다. 이것은 매우 중요합니다. 우리가 예수님을 더 깊이 알아갈수록, 그리고 그분과 더 오래 머물수록 우리는 우리 자신을 더 잘 이해하는 법을 배워가기 때문입니다.

그런데 바로 이때 문제가 발생합니다. 예수님께서 그녀의 결핍과 실패의 역사 한복판을 들여다보신다는 것을 깨닫는 그 순간, 사마리아 여인은 예수님의 시선을 막는 '벽'을 쌓습니다. 놀랍게도 그 벽은 신학적 사고로 이루어진 것이었습니다. 성전 이야기, 메시아 이야기, 어디서 예배드리는 것이 과연 합당한지에 대한 이야기들이 그것입니다. 사마리아 여인은 순식간에 '신학자'가 됩니다. 이 장면이 특히 흥미로운 이유는, 바로 이런 일이 기도 중에도 일어날 수 있기 때문입니다. 우리는 기도하면서 예수님께 '보인다는 것'을 느끼고, 우리 자신을 더 깊이 들여다보는 순간에 이르기도 하지요. 그러나 바로 그때, 우리는 하느님 말씀이 우리 삶 깊이 닿는 것을 막기 위해 신학적 이론의 벽을 쌓아 올리기도 합니다. 하지만 예수님은 이런 벽을 뛰어넘어 그녀의 삶 깊은 곳, 가장 중심을 건드리십니다. 그것은 그녀의 목마름, 인정받고 싶은 욕구, 그리고 그녀가 마음 깊이 품고 있었던 결핍과 공허함에 대한 응답을 찾으려는 갈망입니다.

마침내 그 우물가에서 진정한 사랑의 선언이 이루어집니다. 사마리아 여인은 이제 사랑받는 여인으로 변화합니다. 너무 사랑에 빠져 물동이조차 잊고 떠납니다.

그녀는 물동이를 예수님 발 앞에 남겨둔 채 자신이 겪은 이 놀라운 체험을 전하려 달려갑니다. 이 물동이는 그녀의 과거를 나타냅니다. 매일 무더운 정오의 뙤약볕 아래, 고단한 걸음을 옮기며 홀로 감당하기 어려웠던 물동이는 그녀에게 왜 이 고생을 해야만 하는지를 매번 되묻게 했을 것입니다. 그러나 이제 더 이상 그 물동이와 그것이 의미하는 모든 것은 그녀의 어깨를 짓누르지 않습니다. 물동이는 예수님 발치에 놓여있습니다. 예수님은 그녀가 과거를 내려놓도록 도와주셨고, 그녀의 어깨를 자유롭게 해주셨습니다.

사실 그 물동이는 한때 그녀가 예수님께 사용했던 효율적인 무기이기도 했습니다. '선생님은 두레박도 가지고 계시지 않습니다.'(요한 4,11 참조) 그 물동이는 예수님을 자기 삶에서 밀어내기 위해 사용한, 얼마 남지 않은 마지막 힘이었지요. 하지만 이제 그녀는 무장을 해제합니다. 감춰진 것 하나 없어도 자신을 방어할 필요를 느끼지 않습니다. 그녀는 이제 자신이 사랑받고 있음을 느낍니다.

갈망인가, 욕구인가?

우리의 여정은 사실 갈망이 아니라 단순한 욕구에서 시작됩니다. 우리가 세상에 태어났을 때, 우리에게는 오직 욕구만 있었습니다. 보살핌을 받고 싶고 먹을 것을 원하는, 애정과 생존을 향한 원초적인 욕구들 말입니다. 시간이 흐르면서 이런 욕구들은 점차 더 다양하고 복잡해져 사회적 인정, 성공, 물질적 풍요와 같은 방향으로 나아갑니다. 그러나 새로운 욕구들이 아무리 많아지고 강해진다 해도, 삶의 시작부터 우리를 형성해 온 가장 근원적인 욕구들을 대신할 수는 없습니다.

욕구는 본질적으로 신체적 영역에 속하며, 언제나 구체적인 대상을 향해있습니다. 어떤 대상을 통해 욕구가 충족되면, 그 충동은 비록 일시적이지만 가라앉습니다. 그러나 인간의 성장과정에서 욕구와 더불어 점차 다른 차원의 동기가 모습을 드러내는데 그것이 바로 갈망입니다. 갈망은 욕구보다 비교적 늦게 등장합니다. 갈망이 상상력, 추상적 사고, 그리고 미래의 자신을 떠올릴 수 있는 능력을 필요로 하기 때문이지요. 갈망은 욕구와는 달리, 절대 소멸되지 않습니다. 언제나 소유 가능한 대상 너머로 우리를 밀어붙입니다. 예를 들면, 내가 '정의'를 향한 갈망을 가지고 있다고 할 때, 이 갈망을 완벽히 사라지게 만드는 구체적이고 최종적인 현실 속 대상은 그 어디에도 존재하지 않는 것과 같습니다.

요한복음에서 예수님은 제자들을 군중의 먹을 것에 대한 욕구 앞에 서게 하십니다.(요한 6,1-15 참조) 예수님은 이렇게 원초적인 욕구에서 출발해, 제자들이 군중의 결핍을 인식하고 그들을 돌보는 법을 배우게 하십니다. 이 군중은 모두 같이 배가 고팠습니다. 욕구는 이렇듯 개인적인 차원에 머무르지 않고 공동체적이고 집단적인 차원, 나아가 인류 전체가 함께 겪는 보편적 차원에서도 존재합니다.

배고픔은 세상이 필요하다는 뜻입니다. 그것은 우리가 자족할 수 없는 존재임을 일깨워 줍니다. 배고픔은 우리로 하여금 먹게 만듭니다. 다시 말해, 세상의 일부를 우리 안에 받아들이고 세상과 관계를 맺게 하며 나와는 다른 어떤 것을 필요로 하게 만듭니다. 먹는다는 것은, 내가 전부가 아니라는 사실을 끊임없이 상기시켜 줍니다. 그렇기에 배고픔은 단순한 신체적 필요를 넘어서 세상과 현실, 그리고 타인과 관계를 맺으며 살아가는 존재가 바로 우리라는 사실을 드러내 줍니다. 우리는 관계 안에서 살아가는 존재이며, 이 관계가 우리를 진정으로 살게 만듭니다.

결국 배고픔이란, 우리 안에 세상이 들어올 수 있는 공간을 만드는 것입니다. 그런데 만일 우리가 우리 안에 세상을 위한 자리가 없다고 느끼는 순간이 있다면, 그것은 이미 관계가 단절된 병든 상태에 놓여있다는 것을 의미합니다. 이 성경 본문에서 필립보와 안드레아는 타자의 배고픔을 두려워합니다. 그들은 계산에 기대어 '돈이 충분치 않고', '먹을 만한 양도 충분치 않다'고 말합니다. 그들의 의견은 이치에 맞고 설득력도 있었습니다.

'자력 구원'의 유혹은 포스트모던 시대에도 여전히 악마가 좋아하는 유혹 중 하나입니다. "네가 먼저다! 네 욕구부터 충족시켜라. 그러고 나서 시간이 남으면 그때 가서 남을 생각해도 늦지 않다." 이것이 바로 그 유혹입니다. 이 유혹은 예수님 자신도 직접 마주하신 것이었습니다. "너 자신이나 구원해 보아라."(루카 23,37) 약해진 그 순간, 올리브 동산에서 그리고 십자가 위에서, 그 유혹은 끊임없이 그분을 덮쳤습니다. 우리가 약할 때, 우리 역시 가장 먼저 자기 자신만 생각하라는 유혹을 받습니다.

여기 '현실의 세계'와 '현실 너머의 세계'가 있습니다. 갈망은 우리를 이 두 세계 사이를 이어주는 용기 있는 대화로 이끕니다. '현실의 세계'는 우리에게 지금 무엇이 부족한지를 보여줍니다. 그러나 그 부족함을 인정하고 자신이 불완전하다는 사실을 받아들이는 일은 쉽지 않습니다. 반면 '현실 너머의 세계'는 우리가 현실에 갇혀 희생양이 되는 것을 막아 그 한계를 넘어설 수 있는 새로운 길을 열어줍니다. 만약 '현실의 세계'에만 집착한다면, 우리는 그 무게에 짓눌려 제자리걸음만 걷게 될 것입니다. 반대로 '현실 너머의 세계'에만 매달린다면, 우리 힘으로는 결코 이룰 수 없는 것들을 좇게 되어 결국 깊은 좌절을 경험할 수도 있습니다. 건강하고 성숙한 갈망은 '현실'과 '현실 너머의 세계' 사이에서 끊임없이 대화를 이어가도록 우리를 초대합니다.

여섯째 단계

나도 상처 입은 사람입니다

피할 수 없는 나약함

우리는 벌거벗고, 노출되고, 무방비 상태로 세상에 태어났습니다. 세상에 있는 모든 것이 우리를 아프게 할 수 있습니다. 상처받는 것을 피할 수는 없습니다. 우리는 본래 나약한 존재입니다. 이 나약함은 생명체로서 우리를 특징짓는 요소이기도 합니다. 누군가가 일부러 우리를 해치려 하지 않아도 살아가는 과정에서 자연스레 상처를 입게 됩니다. 세상을 살아간다는 자체가 언제든 고통받을 가능성에 놓이는 일이기 때문이지요. 사실 우리는 이미 상처를 입었고, 오늘도 그 상처의 흔적을 바라보며 여전히 아파합니다. 상처는 분명히 존재합니다. 그렇기에 지금, 우리에게 가장 의미 있는 질문은 이것일지 모릅니다. "우리는 그 상처들을 어떻게 대해왔나요?"

이 지점에서 말할 수 있는 것이 있습니다. 내적 치유의 여정은, 우리가 필연적으로 상처받은 존재라는 사실을 받아들이지 않고서는 단 한 걸음도 나아갈 수 없다는 점입니다. 무엇보다 먼저, 나를 아프게 한 것을 인식하고 '이름' 붙이는 작업이 필요합니다. 그다음으로, 우리는 이 상처 앞에서 어떻게 반응해 왔는지를 물어야 합니다. 어떤 이는 상처를 애써 축소하며 말합니다. "나보다 더 심한 사람도 있는데 뭐." 어떤 이는 그저 잊어버리려고 합니다. "이미 지나간 일이야." 또 어떤 이는 상처의 책임을 물으며 누군가를 원망합니다. "내 한평생 너를 증오하겠어." 마지막으로, 어떤 이는 모든 잘못을 자기 탓으로 돌립니다. "다 내 잘못이야."

하지만 이런 방식들은 상처를 치유하기는커녕 오히려 나쁜 상황으로 우리를 내몰 뿐입니다. 방치된 상처는 언젠가 곪게 됩니다.

치유의 과정은 우리에게 일어난 일을 있는 그대로 인정하는 데서 시작합니다. 그때의 상처와 아픔이 드러나겠지만, 그럼에도 시도할 수 있습니다. 기도는 우리가 품고 있는 그 모든 것을 표현할 수 있는 소중한 장소입니다. 우리 삶의 조각들, 부서져 버린 꿈들, 끊어져 버린 관계들을 주님 앞에 가져갈 수 있습니다.

하느님께서는 우리와 함께하실 때, 동방의 '킨츠기'라는 기법과 유사한 방법을 사용하십니다. 말하자면, 깨진 도자기 조각들을 옻칠로 이어 붙이고 금이 간 자리에 금가루를 입힙니다. 이렇게 되면 고유한 흔적이 만들어져 이전보다 훨씬 더 아름답고 귀중한 작품이 탄생하게 되지요. 우리 삶도 마찬가지입니다. 우리가 하느님께 우리 삶의 부서진 조각들을 내어드리기만 한다면, 그분은 그것을 더 귀한 걸작으로 만들어 주실 것입니다. 그 금선처럼 우리 삶의 조각들을 이어 붙이는 것이 바로, 하느님께서 우리에게 베푸시는 은총입니다.

가장 먼저 마주하는 어려움은 우리의 상처에 이름을

붙이는 것입니다. 우리는 종종 상처를 드러내는 것 자체에 수치심을 느낍니다. 하지만 이미 발생한 일에 이름을 붙이는 것은 누군가를 비난하거나 단죄하는 일이 아닙니다. 이는 단지 우리 삶에서 실제로 일어난 어떤 사건의 흐름을 식별하고, 그 일이 나에게 어떤 아픔을 남겼는지를 인정하는 것일 뿐입니다. 누구의 잘못을 따지는 것이 아니라, 무엇이 나를 아프게 했는가를 있는 그대로 바라보는 일이지요. 이 방법은 이웃과의 대화에도 유익합니다. 상대가 내게 무엇을 했는지를 비난하는 게 아니라, 그때 내가 어떻게 느꼈는지를 솔직하게 표현하는 것입니다.

예수님도 십자가 위에서 누구를 원망하거나 탓하지 않으셨습니다. 그분은 그저 자신이 느낀 버림받은 아픔을 하느님께 있는 그대로 표현하셨습니다.

곪아가는 상처

우리 내면의 한 부분이 상처를 입었을 때, 그 상처가 제대로 치유되지 않으면 전체를 감염시킬 위험이 있습니다. 그런데도 왜 나는 자신의 상처를 꺼내어 표현하지 못하는 걸까요? 왜 나는 거의 강박적이고 불가피한 방식으로 타인의 상처만을 돌보며 살아가는 걸까요? 어쩌면 삶의 어떤 지점에서 커다란 아픔을 경험했고, 그 아픔을 마주하기 두려워 타인을 위한 돌봄 속에 자신을 던져버렸는지도 모릅니다. 다른 사람의 아픔을 돌보는 것이, 사실은 내 아픔을 애써 외면하기 위한 방편이었을 수도 있지요. 아마도 내 상처가 너무 크고 깊어서 그 누구도 나를 위로할 수 없으리라 여겼던 것일지도 모르겠습니다. 그래서 미리 마음을 닫아버리고, 나는 괜찮다고 스스로를 속이며, 이제는 나를 돌보지 않았던 사람들을 대신해 내가 그들을 돌보는 사람이 되겠다고 다짐했는지 모릅니다.

또 어떤 날에는, 내 계획을 끝까지 마무리하지 못하고 주저앉을 때도 있습니다. 그럴 때 나는 스스로를 부족한 사람이라고 여기고 맙니다. 아무리 애를 써도 내가 원하는 지점에 도달할 수가 없습니다. 어쩌면 내 삶의 어떤 지점에서 상처가 있었을 수도 있겠지요. 그때 나는 환영받지 못한다고 느꼈고, 그로 인해 스스로 '부족하고 사랑받을 수 없는 사람'이라고 확신해 버렸을지 모릅니다.

이렇듯 각자는 이제까지 상처에 어떻게 반응했는지를 되돌아봐야 합니다. 그 누구도 내 말에 귀 기울여 주지 않고 나를 인정해 주지 않던 그 상처 앞에서 나는 어떻게 반응했나요? 자신이 마음에 들지 않을 때 나는 어떻게 나를 대했나요? 그리고 무엇보다도 사랑받지 못하는 상처 앞에서 나는 어떤 모습을 보였나요? 사실 모든 상처는 결국 이 마지막, 곧 사랑받지 못하는 상처로 거슬러 올라갑니다.

이 상처는 어떤 흔적을 남길까요? 어떤 이는 계속 음식을 찾고 폭식하는 방식으로 반응합니다. 마치 자기 안에 있는 공허함을 상징적으로 채우려는 듯 말입니다. 어떤 이는 자기 고통을 타인의 고통으로 보상받으려는 듯 폭력으로 반응합니다. "다른 사람도 나처럼 마땅히 고통받아야 해!" 또 어떤 이는 자해로 반응합니다. "내가 그 대가를 치러야 해!" 여기서 말하는 자해는 반드시 신체적 자해만을 의미하진 않습니다. 자신을 의도적으로 힘든 상황에 몰아넣거나, 감당하기 어려운 의무와 책임을 스스로 떠안는 것 또한 자해의 한 형태일 수 있습니다. 마치 자기 죄를 속죄하려는 것처럼 말이지요. 또 어떤 이들은 병적으로 성공을 좇습니다. 자신에게 스스로 인정을 부여하려는 시도입니다. 그들 눈에는 마땅히 받아야 할 그 인정을 세상이 외면하고 있다고 느끼기 때문입니다.

그렇다면 우리의 상처를 주님 앞에 내어놓을 때, 그 분은 어떻게 말씀하실까요?

그러나 이제 나는 그 여자를 달래어 광야로 데리고 가서 다정히 말하리라.(호세 2,16)

나는 사랑받지 못하던 이를 사랑하고, '내 백성이 아니다'라고 불리던 이에게 '너는 내 백성이다'라고 말하리라. 그러면 그는 나에게 '저의 하느님'이라고 말할 것이다.(2,25. 역자 직역)

주님께서는 그 어떤 것보다 우리의 근본적인 상처, 곧 사랑받지 못하는 상처에 응답하시려 합니다.

때로 상처를 치유하기가 너무 버겁다는 사실을 잘 알고 있습니다. 그러나 그것은 우리가 그 상처들에 필사적으로 매달려 있기 때문인지도 모릅니다. 피해의식이 삶의 이유가 되어 어떤 것을 요구하는 기회로 사용되었을 수도 있습니다. 어쩌면 "너희 앞에 내 상처들을 보여주고, 이 모든 게 전부 너희 탓이라는 것을 말해야겠어"라며 세상에 대가를 치르게 하고 싶었을지도 모르지요. 아니면 다른 이들이 계속 우리를 돌보게 하기 위해서 스스로 치유되기를 원치 않았던 것일 수도 있습니다.

쓸모없는 인생은 없습니다

우리가 앞서 다룬 내용을 잘 묵상하기 위해서 이번에도 하나의 이야기를 들려주려고 합니다. 이 이야기는 브루노 페레로Bruno Ferrero의 책, *Tante storie per parlare di Dio*(수만 가지 하느님 이야기)[8]에서 발췌한 것입니다.

아주 먼 옛날, 길가에 아무 쓸모없는 돌멩이 하나가 있었습니다. 참 아름다운 돌멩이였습니다. 둥근 모양에 어느 정도 무게도 있었고, 사람 머리만 한 크기에 청회색 빛깔을 가지고 있었지요. 그러나 그 누구도 눈길 한번

주지 않았습니다. 돌멩이는 그저 돌멩이였으니, 누가 관심이나 가졌겠습니까?

처음에 그 돌멩이는 도시로 가는 길 한복판에 살짝 솟아있었습니다. 그에게는 친구가 없었습니다. 거의 모두가 지나가다 걸려 넘어졌기 때문입니다. 누군가는 신랄하게 욕설을 퍼부었고, 누군가는 이 불쌍한 돌멩이를 저주했습니다. 맹렬하게 달리는 마차들의 말발굽은 돌멩이를 세차게 내리쳤고, 밤이면 그 충격에 번쩍이는 불꽃을 뿜어냈습니다.

돌멩이는 하루하루 더 슬퍼졌습니다. 삶이 그의 것이었던 적이 있었을까요? 어느 날, 빠른 속력을 내는 마차가 불쌍한 이 돌멩이와 부딪혀 아주 선명한 흔적을 남겼습니다. 상처였습니다. 이 충돌로 바퀴 역시 심하게 부서졌습니다. 마부는 화가 난 나머지 쇠막대기로 돌멩이를 빼내 멀리 던져버렸습니다. 우울하게 굴러 떨어진 돌멩이는 경사면의 돌들 사이에 멈춰 섰습니다. "바보 같은 녀석, 네가 오기 전까지 이곳은 완벽했는데!" 다른 돌들이 소리쳤습니다. "너는 돼지같이 뚱뚱하구나!" 반짝이는 돌가루가 뿌려진 납작하고 얇은 두 돌이 말했습니다. 돌이 눈물을 흘릴 수 있다면 아마 돌멩이는 쓸쓸함의 눈물을 터트렸을 것입니다. 돌멩이는 불안과 슬픔에 가득 차 아무 말도 하지 못한 채 침묵에 잠겼습니다. 오직 한 마리의 달팽이만이 그에게 연민을 느끼고, 반짝이는 점액 자국을 그에게 남기고 떠났습니다. 불쌍한 돌멩이는 땅속 깊이 영원히 사라지기를 원했지요.

어느 날 아침, 건장하고 두툼한 두 손이 돌멩이를 들어 올렸습니다. "나에게 필요한 돌이 바로 이거야." 누군가 말했습니다. "그럼 다른 돌은요?" 다른 사람이 말했습니다. 그러자 누군가가 다시 말했습니다. "다른 돌들도 필요할지 모르니 모아서 싣자." 다른 돌들이 수레에 모아졌고, 동그란 돌멩이는 가방에 넣어졌습니다. 그리고 얼마간의 여행을 하게 되었지요. 거기서 나오게 되었을 때, 작업공들로 가득한 어떤 현장에 자신이 있다는 것을 알게 되었습니다. 그들은 아직 완성되지 않았지만 하늘로 치솟은 웅장한 건물을 세우고 있었습니다. 벽들, 아치들, 하늘 높이 솟은 첨탑들, 이 모든 것이 돌멩이와 같은 청회색 돌로 이루어져 있었습니다. "여기가 천국이구나!" 돌멩이는 생각했습니다. 이보다 더 아름다운 장면을 이전에는 보지 못했기 때문입니다.

한 사람의 거친 손이 돌멩이의 표면을 사랑스럽게 쓰다듬었습니다. "친구, 너도 저 위로 가게 될 거야"라는 목소리가 들렸습니다. "내게 아주 좋은 계획이 있어. 잠깐은 좀 힘들겠지만 그만한 가치가 있을 거야." 돌멩이는 작업공들이 있는 한 모퉁이로 옮겨졌습니다. 그들은 돌로 성인들의 형상을 조각하고 있었습니다. 석상들 중 하나는 머리가 없었습니다. 이것을 가리키며 그 사람이 말했습니다. "이 석상의 머리를 찾았다!" 그 사람은 다시 돌멩이를 손으로 계속 쓰다듬었습니다. "완벽해. 일부러 이렇게 만든 것 같아. 이 작은 상처 난 부분도 나에게 영감을 줬어."

돌멩이는 꿈을 꾸는 것 같았습니다. 그에게 '완벽하다'고 정의 내린 이는 그 누구도 없었으니 말입니다. 얼마 지나지 않아 돌멩이는 지지대에 단단히 고정되었고 날카로운 장비가 사정없이 깎아내기 시작했습니다. 그 사람은 힘 있고 능숙하게 조각했습니다. 고통은 상당했지만, 오랫동안 지속되지는 않았습니다. 쓸모없는 돌멩이는 대성당 정면에 배치된 성인의 머리 부분으로 놀랍게 탈바꿈되었습니다. 모두가 이 성상을 눈여겨보며 한 가지 특별한 점을 발견했습니다. 다른 성인들은 다들 엄격하고 근엄한 표정이었지만, 그 성상만은 유일하게 웃고 있기 때문이었습니다.

예술가는 마차의 바퀴에 찍힌 상처를 놀라운 웃음으로 바꿔놓았습니다. 그 웃음에는 제자리를 찾은 돌멩이의 평화와 행복이 가득 차있었습니다.

일곱째 단계

모든 것에는 시간이 필요합니다

기다리는 법 배우기

씨앗이 싹을 틔우려면 시간이 필요합니다. 모든 것은 저마다의 속도가 있습니다. 그러나 오늘날 우리의 문화는 점점 그 시간의 가치를 잊어가고 있습니다. 즉각적인 결과를 원하고 기다림의 여지를 주지 않지요. 오히려 기다림을 시간 낭비로 여깁니다. 씨 뿌리는 농부의 노동이 아무리 고되고 성실하다 하더라도, 그 결실을 내일 당장 볼 수는 없습니다. 오늘날 우리는 뿌려진 씨앗이 열매를 맺을 때까지 묵묵히 기다리는 농부의 지혜를 잊고 살아갑니다.

이와 마찬가지로 영성 생활의 모든 여정에는 점진성이 요구됩니다. 바꿔 말해 반드시 거쳐야 할 단계들이 존재합니다. 복음은 우리에게 이 과정에서 인내를 재차 가르칩니다. 이번 장에서는 요한복음의 두 인물인 '니코데모'와 '태어나면서부터 눈먼 이'를 함께 살펴보며 영성 생활에서 여정이 지니는 의미와 가치를 되새겨 보고자 합니다.

삶의 전환점에서 새롭게 태어나기

누구나 인생의 한 단락을 마무리하고 새로운 단락을 써 내려가기로 결심하는 전환의 시기가 있습니다. 보통 이렇게 새로운 시작을 향한 갈망 이면에는, 이제 이전과는 다른 방식으로 사랑해야 할 때가 되었다는 깨달음이 자리합니다. 결국 이 갈망이 우리를 지금 단계에서 다음 단계로 나아가게 하는 원동력이 됩니다.

요한복음은 니코데모를 불안과 의문을 가진 인물로 묘사합니다.(요한 3,1-15 참조) 그는 삶의 한 단락을 새롭게 써 내려가려는 이들의 전형이라 할 수 있습니다. 소년도 청년도 아니었고, 그의 정체성과 역할은 이미 굳어진 상태였지요. 그럼에도 인생에서 새로운 단락을 시작하려 한 것이라면, 그는 사랑하는 방식을 바꾸라는 도전을 받아들인 것입니다. 요한 복음사가가 불안과 불확실함이 가득한 니코데모를 복음서 중간중간에 배치하여 그가 걷는 여정과 내면에서 일어난 변화를 보여주고(요한 3,1-21; 7,50-52; 19,39-42 참조), 또 마지막 부분에 그를 예수님 제자들과 함께 위치시키고 있는 것은 우연이 아닙니다.(19,39 참조) 니코데모는 바리사이였지만, 율법 지식으로 꽉 막힌 사람이 아니었습니다. 그는 계속해서 세상에 호기심을 품은 사람, 삶에 질문을 던지는 사람, 어떤 것도 당연히 여기지 않는 사람이었습니다. 바로 이것이 그에게 변화의 동인動因이 되었습니다.

니코데모는 밤에 예수님을 찾습니다. 그 이유는 아마도 두려웠거나 사람들 눈에 띄고 싶지 않았기 때문일 수 있습니다. 사람들의 판단을 걱정하거나 이해받지 못할 것을 염려했을 수도 있지요. 아니면 부끄러웠거나 단순히 낮에 시간이 없었기 때문일 수도 있습니다. 그런데 여기서 밤은 그의 내면적인 밤과 인생길에 드리운 어둠을 상징하는 동시에, 그 어둠을 몰아낼 빛이 필요함을 암시할 가능성이 큽니다. 니코데모는 깊은 밤 한가운데서서 빛이신 예수님을 찾고 있었습니다! 마치 알레산드로 만초니Alessandro Manzoni의 소설 「약혼자들」 21장에 등장하는, 루치아 앞에 선 무명인과 같습니다.[무명인(이름이 불리지 않는 자 혹은 불가사의한 자라는 뜻)은 권력과 폭력을 행사하는 무서운 인물이지만, 루치아를 납치한 후 그녀의 순수함과 간절한 기도를 마주하며 깊은 내적 갈등을 겪는다. – 옮긴이] 삶의 전환점은 종종 어두운 순간에 일어나지만, 이때까지도 우리는 과연 어디로 향해야 하는지, 무엇이 새롭게 사랑하는 방법인지, 정말 그것을 원하는지 잘 알지 못합니다.

니코데모의 밤은 오해로 가득 차있습니다. 이는 그가 예수님의 논리 속으로 들어가지 못했다는 사실에서 분명히 드러납니다. 그의 오해는 자신의 익숙한 사고방식을 내려놓지 못한 데서 비롯됩니다. 니코데모는 그분의 말씀을 계속 되새기지만, 여전히 자신이 받아들여 온 의미의 틀 안에서 해석하려 합니다. 사랑하는 데 가장 큰 장애물은 다른 이의 입장을 이해하지 못하는 거지요. 변화하는 데 가장 큰 장애물은 자기 입장을 피난처로 삼고, 그곳에서 완고함으로 움직이지 않는 것입니다.

이런 맥락에서 니코데모가 이해하는 데 가장 힘들었고 주된 오해를 만들었던 예수님의 말씀은 '다시 태어남'에 관한 것이었습니다. 예수님을 처음 만난 순간의 니코데모처럼, 오늘날 사람들은 '다시 태어남'을 이렇게 생각합니다. 어떤 생활 습관을 철저히 반복하거나, 새로운 경험이나 자극을 모색하거나, 사업 성장을 위해서 새롭게 동기를 부여하거나, 새로운 관계를 필요로 하거나, 행복을 지속하기 위한 노력을 하거나 하는 정도로 말입니다. 이런 이해 속에서 '다시 태어남'은 지금의 나를 그대로 둔 채 조금 더 나아지려는 시도에 머뭅니다. 내가 서있는 곳은 바꾸지 않은 채 삶의 방식만 조정하려는 노력일 뿐입니다.

그러나 예수님께 '다시 태어남'이란, 새로운 방법으로 사랑하기를 결정하는 것입니다. 위로부터 주어진 삶이 당신에게 그것을 요청하기 때문입니다. 여기서 말하는

'새로운 방법'이란 삶의 기술이나 태도를 조금 더 개선하는 것을 뜻하지 않습니다. 그건 사랑이 시작되는 출발점이 나 자신에서 벗어나 위로부터 받은 생명으로 옮겨지는 전환입니다. 빅터 프랭클Viktor Frankl이 말하듯, 현실은 늘 자애롭게 삶의 의미를 찾는 성장과 변화의 과제를 내어줍니다. 특히 다시 태어난 삶을 받아들인 이에게 현실은 더 이상 중립적인 배경이 아니라, 성장과 변화에 응답하도록 부르는 자리가 됩니다. 이런 의미에서 '다시 태어남'이란 곧 다시 창조되는 것입니다! 이렇게 시작된 삶이 나를 변화시키고, 나는 그 변화 속에서 새롭게 형성됩니다. 따라서 '다시 태어남'은 단순한 반복이 아니라, 그 변화를 위해 익숙함에 갇혀있던 나를 밖으로 밀어내는 신적인 움직임 속에 머무는 것입니다.

'다시 태어남'은 자기 자신에 대해 새롭게 결정하는 것이고, 다시 태어난 삶이 나에게 오늘 요구하는 것에 다시 응답하기로 결정하는 것입니다. 오늘의 삶이 내 앞에 관대하게 내어놓는 숙제는 무엇일까? 이 질문이 바로 '다시 태어남'의 의미를 찾는 장소가 될 것입니다.

어디까지 보고 싶나요?

물론 항상 그런 것은 아니지만, 우리는 사물을 있는 그대로 보기보다 외면하는 쪽을 선택할 때가 많습니다. 그 편이 더 마음 편하게 느껴지기 때문입니다. 끝나버린 사랑의 현실을 인정하고 싶지 않고, 불편한 상황에서 자신이 틀렸음을 받아들이는 것도 쉽지 않습니다. 자신의 실수를 마주하는 일 역시 피하고 싶습니다. 책임을 회피하기 위해 고개를 돌리기도 하고, 고통을 느끼지 않기 위해 눈을 감기도 합니다. 때로는 환상 속에 머물고 싶어서 세상이 여전히 내가 믿는 그대로일 것이라 생각하며 스스로를 속이기도 하지요. 그러나 이러한 외면은 현실이 우리 문을 두드리는 순간까지만 가능할 뿐입니다.

문제는 우리가 볼 수 없다는 데에 있는 것이 아니라, 반드시 보아야 할 것을 선택하지 않는 데 있습니다. 우리는 시선을 두고도 눈앞에 있는 것을 제대로 인식하지 못할 수 있습니다. 이것은 마치 카라바조의 <마태오를 부르심>과 같습니다. 이 작품에서 세금을 걷는 탁자에 앉아있는 등장인물들 가운데 단 한 사람을 제외하고 모두 산만하게 보거나 아예 보지 못하는 듯한 모습으로 묘사되어 있습니다. 더 구체적으로 보면, 두 사람은 멍하니 허공을 응시하고 나머지 두 사람은 자기 업무에 시선을 두고 있습니다. 곧 보고는 있지만 실제로는 보지 않는 것입니다. 오직 한 사람만이 자기 앞에 벌어진 놀라움을 보았고 어찌할 줄 모르는 표정을 짓습니다.

앞을 볼 수 없게 되었을 때에는 누군가의 인도가 필요합니다. 그런데 어떤 이들은 '자기 낮춤'의 자세로 겸손하게 인도를 받아들이는 반면, 다른 이들은 혼자 해

내려 고집하다가 끝내 자신이 인식하지 못하는 현실에 계속 부딪히고 맙니다. 이 모습을 요한복음이 전하는 '태어나면서부터 눈먼 사람' 이야기 속 주변 인물들에게서 찾아볼 수 있습니다.(요한 9,1–41 참조)

이 내용은 초기 그리스도교 공동체가 오래도록 세례의 관점에서 깊이 묵상해 온 중요한 대목이었습니다. 비록 오늘날에는 부활을 앞두고 몇 주간에 걸쳐 이루어지던 단계적 세례 준비 여정의 의미가 다소 희미해졌지만, 그 여정은 언제나 겸손히 인도를 받아들이는 자기 낮춤의 자세, 곧 사물을 있는 그대로 바라보는 시선의 훈련으로 시작되었습니다. 그 출발점은 자신의 죄를 진실하게 바라보는 데 있습니다. 그리고 이 죄를, 묵은 옷을 벗어내듯 버리고, 물로 가득 찬 세례대의 가장 깊은 곳에서 우리를 기다리시는 그분께 온전히 내맡겨야 합니다. 새로운 시선을 얻기 위해서는 완전히 바닥까지 내려가는 것이 필요합니다. 하느님께서는 우리가 자신을 잃었다고 느끼는 그 순간, 바로 그 바닥에서 우리를 깊이 사랑하고자 하십니다.

예수님은 눈먼 이에게 “실로암 못으로 가서 씻어라”(9,7ㄱ) 하고 말씀하셨습니다. ‘실로암’은 ‘파견된 이’(9,7ㄴ)라는 뜻입니다. 예수님은 성부께서 보내신 참된 ‘파견된 이’십니다. 우리는 ‘그분 안에서 씻기도록 내려오라는 부름’을 받았습니다.

이 내려오라는 부름에 응하는 행위는 초대 그리스도인들에게 매우 분명한 신비였습니다. 곧 파스카 성야 때에 세례대로 내려가 물속에 잠기면 그분 품 안에서 씻기게 됩니다. 세례대는 촛불의 빛으로 밝혀집니다. 세례대 물 위에는, 세례대를 덮고 있는 성당 천장의 그리스도의 얼굴(판토크라토르나 모노그램 같은)이 반사되어 나타납니다.

다시 보기로 결심한다는 것은 자기 낮춤을 필요로 하는 여정입니다. 자기 낮춤은 다른 사람이 흙과 침을 묻힌 손을 내 눈에 대도록 내맡기는 것을 의미합니다. 예수님이 눈먼 이에게 하신 이 행위는 매번 우리에게 생명을 선물하시는 하느님의 새로운 창조를 상징합니다. 마치 창세기 서두에서 하느님이 흙을 이겨 우리에게 생명을 주셨던 것과 같은 일입니다. 이제 당신이 보지 못할 때, 하느님은 다시 생명을 찾도록 당신의 눈을 어루만지고자 하십니다.

다시 보게 하는 자기 낮춤이 우리 여정에 필요합니다. 모든 것이 곧바로 명확해질 수는 없습니다. 이는 태어나면서부터 눈먼 이가 예수님에게 붙인 칭호에서 드러납니다. 처음 그에게 예수님은 그저 "예수님이라는 분"(요한 9,11)이었고 다음은 "예언자"(9,17)였습니다. 그러다가 마지막에 그는 "주님, 저는 믿습니다"(9,38)라고 고백합니다. 이 마지막 표현은 고대 그리스도교 공동체에서 신앙고백을 위해 사용해 왔던 형식입니다.

이 부분 역시도 오늘날 우리가 느림과 점진성의 의미를 어떻게 잃어버렸는지 생각하게 합니다. 우리는 서두르고, 기대에 시달리며, 노력 없이, 너무 쉽고 빠르게 결과를 얻으려 합니다. 이 이야기의 눈먼 사람처럼, 비록 지금은 보지 못해도 사물을 있는 그대로 바라보고 진리의 증인이 될 자격이 우리에게도 있습니다. 물론 진리는 대가를 요구합니다. 우리에게 모든 것을 걸라고 촉

구합니다. 오늘날 계략과 포퓰리즘(대중주의)은 일상이 되었고, 우리는 이미 진리에서 멀어져 있습니다. 오직 진리처럼 보이는, 그 비슷한 이미지들만을 구축할 뿐입니다. 마치 포토샵으로 이미지를 보정하듯, 진리를 비롯한 모든 것을 자기 입맛대로 다룰 수 있다고 착각합니다.

이 이야기의 바리사이들 역시 현실을 받아들이지 않습니다. 그들에게 이 상황은 불편했습니다. 그들이 원했던 바가 아니었기 때문이지요. 현실이 그들의 기대대로 돌아가지 않자, 그들은 그들 구미에 맞게 현실을 왜곡하려고 했습니다. 그럴수록 그들은 더욱 현실과 멀어지게 되어 결국 현실을 보려 하지 않게 됩니다. 그렇게 그들의 눈은 서서히 멀어갑니다.

진리이신 그리스도 앞에서 우리 각자는 어떤 입장을 선택할 것인지 부름받습니다. 눈이 멀었던 사람은 예수님께 자신의 모든 것을 걸었고, 그 결과 회당에서 쫓겨났습니다. 이를 구체적으로 말하면, 그 사람이 기도에서 배제되는 것뿐만 아니라 시민권도 박탈당하는 것을 의미합니다. 반면 바리사이들은 보지 않는 것을 선택함과 동시에 그들 스스로 마련한 환상에 갇혀있는 것을 결정한 이들입니다. 치유된 눈먼 이의 부모님은 볼 수 있음에도 불구하고 가지고 있는 것을 잃을지 모른다는 두려움 때문에 모든 것을 걸지 않았습니다.

우리가 모든 것을 걸겠다고 결정한다면, 그 대가로 모든 것을 잃고 쫓겨날 수 있습니다. 이것은 부정할 수 없는 사실입니다. 그러나 뒤따르는 내용(요한 10,1-21 참조)에서 확인할 수 있듯이, 예수님이 새로운 생명을 시작하는 분이시라는 것도 분명한 사실입니다. 그들은 우리를 내쫓고 그들의 모든 문을 닫아 잠글 수 있습니다. 그러나 진리를 믿는 우리에게 진실된 생명으로 들어가는 문은 항상 열려있을 것입니다.

여덟째 단계

갈망을 실천으로 옮기기

변화의 두려움

변화는 더디고 고된 과정입니다. 새살이 돋기 위해서는 우리와 하나처럼 붙어버린 병든 부분을 포기해야 할 때도 있습니다. 변화는 우리가 붙들고 있는 확신을 내려놓아야 하는 위험한 일입니다. 이 확신은 익숙하고 편하기에 때로 우리의 눈을 속이기도 합니다. 그러나 이런 확신은 우리의 성장을 방해할 뿐만 아니라 심지어 삶 자체에도 장애가 됩니다. 그렇기에 우리는 지금까지 당연하게 여겨온 확신들을 따져보고, 질문하고, 재평가해야 합니다.

우리는 알지 못하는 것을 두려워합니다. 그래서 변화 앞에서 주저하지만, 어쩌면 바로 그 변화가 우리를 더 행복하게 만들 수 있습니다. 어둠은 분명 두렵지만, 그 어둠을 지나야 다시 빛을 볼 수 있습니다. 그럼에도 우리는 종종 그 어둠에 갇혀 멈춰버립니다. 상상은 어둠 너머에 존재하지도 않는 괴물을 만들어 내고, 우리는 그 두려움에 사로잡혀 스스로 빛을 마주할 기회를 차단하고 맙니다.

변화를 가로막는 큰 장애물 중 하나는 "내가 지금 이렇게 된 건 내 잘못이 아니야"라고 스스로에게 말하는 것입니다. 우리는 변화가 불가능하다고 믿고 '나는 원래 이런 사람이야'라는 핑계로 자신을 정당화합니다. 그러나 이렇게 말하는 순간, 우리는 자신뿐 아니라 다른 이들까지도 서서히 죽이게 됩니다.

다음의 짧은 우화는 변화의 가능성을 믿지 않으려 할 때, 그 결과가 자신은 물론 가까이 있는 사람들까지 죽음으로 몰아넣을 수 있음을 잘 보여줍니다.

전갈이 있었습니다. 이 전갈은 강을 건너야만 했는데, 수영을 할 줄 몰랐습니다. 마침 곁에 있던 개구리에게 도움을 청했습니다. 전갈은 상냥하고 부드러운 목소리로 말했습니다. "네 등에 나를 좀 태워줄 수 있을까? 나를 반대편 강둑으로 데려다줄래? 부탁이야."

개구리는 의심스러운 눈초리로 전갈을 쳐다보며 대답했습니다. "미쳤어? 물에 들어가자마자 나를 찔러 죽일 거잖아!" 전갈은 절박하게 말했습니다. "왜 내가 그런 짓을 하겠어? 내가 너를 찌르면, 너는 죽게 될 테지. 그렇지만 나도 물속에 빠져 죽게 될 거야. 나는 수영을 할 줄 모르니까!"

개구리는 잠시 생각에 잠겼습니다. 전갈의 말이 틀린 게 아니었기 때문입니다. 그래서 개구리는 전갈을 등에 태우고 함께 물속으로 들어갔습니다. 그런데 강 한가운데를 지나갈 때쯤, 개구리는 등 뒤에서 강한 통증을 느꼈습니다. 전갈이 개구리를 찌른 것이었습니다. 둘 다 죽어가는 상황에서, 개구리는 도대체 왜 이런 일을 했느냐고 전갈에게 물었습니다. 전갈이 대답했습니다.

“왜냐하면, 나는 전갈이니까. 나는 원래 이래. 이게 내 본성이야.”

우리는 모릅니다. 전갈이 개구리에게만 거짓말을 했는지, 아니면 자기 자신에게도 거짓말을 했는지 말입니다. 어쩌면 전갈은 스스로를 자기 본성의 희생자일 뿐이라고 믿었는지 모릅니다. 그저 전갈이니까, 그게 자기 본성이니까 그렇게 할 수밖에 없다고 말이지요. 그러나 이런 방식으로는 전갈 자신도 살아남을 수 없고, 주변에 있는 이들도 죽음에 이르게 합니다. 우리는 종종 자기 자신에 대한 고정관념의 희생자가 되곤 합니다. 특히 ‘나는 절대 변할 수 없어’라고 믿을 때 더욱 그렇습니다. 그러나 전갈의 경우에서 보듯, 살아남을 길은 변화를 통해 열립니다.

물론 변화는 억지로 강요되어서는 안 됩니다. 그러나 진심으로 다른 방식의 삶을 갈망한다면, 바꿔 말해서, 우리의 어떤 행동이 마음에 들지 않고, 어떤 생각이 힘들게 하고, 어떤 관계가 불행하게 만든다면, 변화를 선택할 수 있습니다. 마르코복음 10장에는 한 사람이 등장합니다.(마르 10,17-22 참조) 그는 평생 선행에 힘써왔지만 여전히 행복해 보이지 않습니다. 복음에서는 그를 "어떤 사람"(10,17)이라고만 부릅니다. 이름이 없습니다. 아직 자기 정체성을 찾지 못한 사람입니다. 예수님은 그에게 한 가지 길을 제시하십니다. "네가 가진 모든 것을 팔아라. 네가 애착하는 모든 것, 너의 공로, 너의 자아, 너의 업적, 너의 만족을 다 내려놓아라. 그렇게 자유롭게 되어 날아올라라."

이러한 것들은 우리의 변화를 막는 '짐'입니다. 그 사람은 울상이 되어 슬퍼하며 떠나갔습니다. 결국 변화하지 않기로 결정한 셈인데, 아마도 그는 자신이 얼마나 많은 짐을 끌고 다니고 있는지조차 더는 깨닫지 못했는지도 모릅니다.

누가 내 치즈를 옮겼을까?

이번에도 이야기를 하나 전해드리겠습니다. 이 이야기는 변화에 대한 갈망을 실제 행동으로 전환하는 데 도움을 줄 것입니다. 여기에 실린 이야기는 스펜서 존슨Spencer Johnson의 책을 모티브로 재구성한 것입니다.[9]

아주 작은 마을에 네 친구가 살고 있었습니다. 그들은 '퓨토'(냄새를 잘 맡는 생쥐)와 '스코딘졸로'(늘 꼬리를 흔드는 생쥐)라는 작은 생쥐 두 마리와, 이들보다는 조금 크고 인간 모습을 한 두 꼬마 요정 '인체르토'(망설이고 불안해하는 요정)와 '리시코'(위험을 두려워하는 요정)였습니다.

그들은 모두 치즈를 찾아 미로 속을 헤매고 있었습니다. 두 생쥐는 주로 당장 갉아 먹을 잘 익은 치즈를 찾고 있었지만, 두 꼬마 요정은 대문자 F가 쓰인 치즈를 찾고 있었습니다. 그들 생각에, F 치즈는 단순한 음식이 아니라 인간의 가치를 담고 있는 특별한 '무언가'였습니다. 오직 그것만이 진정한 행복과 성공을 가져다줄 것이라 믿었지요.

두 생쥐와 두 꼬마 요정의 치즈 찾는 방법에는 큰 차이가 없었습니다. 그들은 매일 작업복을 입고 복잡한 미로 속으로 들어갔습니다. 미로는 늘 어둡고 방향을 알 수 없을 만큼 복잡했어요. 두 생쥐는 그들의 후각을 믿고 일했는데, 통로를 정신없이 뛰어다니다가 가끔은 벽에 부딪히기도 했습니다. 그럴 때면 뒤로 물러나 다른 방향으로 다시 달려갔습니다. 반면 두 꼬마 요정은 마치 인간이 하는 방식대로 논리를 따져가며 움직였습니다. 그러나 이 방식이 그들을 가끔 멈춰 서게 하거나 길을 잃게 만들었습니다.

그러던 어느 날, 마침내 네 친구 모두 '치즈 창고 F'에서 그들이 찾던 치즈를 발견했습니다. 그날 이후로도 두 생쥐는 그들의 일상을 변함없이 유지하며, 작업복을 입고 치즈를 찾아 뛰어다녔습니다. 어디에 치즈가 있는지 이미 알고 있는데도 말이지요. 이에 반해 두 꼬마 요정은 상황에 익숙해지면서 작업복을 멀리 치워버렸습니다. 치즈 구하는 일이 점점 쉬워졌고, 어느 시점에 가서는 치즈가 있는 창고로 거처를 옮겼습니다. 그렇게 하면 매일 치즈를 찾으러 움직이지 않아도 되기 때문입니다. 그리고 이곳을 더 집처럼 꾸미기 위해 창고 벽에다 치즈에 관한 다양한 문구를 적기 시작했습니다. 그중 하나는 이러했습니다. "치즈는 행복을 준다."

어느 날, 그 많던 치즈가 모두 사라져 버렸습니다. F 창고에 도착한 두 생쥐는 전혀 놀라지 않았습니다. 며칠 전부터 치즈가 동나고 있다는 사실을 알고 있었기 때문이지요. 그래서 두 생쥐는 한 번도 밀쳐놓은 적이 없는 그들의 작업복을 다시 입고, 미로의 어딘가에 있을 치즈를 찾아 나섰습니다. 해법은 간단했습니다. 만약 F 창고에 더 이상 치즈가 없다면 다른 곳에서 찾으면 되는 거니까요.

한편, 두 꼬마 요정도 평소와 마찬가지로 느지막이 창고에 도착했습니다. 치즈가 있으리라 생각했던 그들의 예상과는 달리 그곳에는 더 이상 치즈가 남아있지 않았습니다. 그들이 보인 반응은 생쥐들과는 많이 달랐습니다. 그들은 요 며칠 사이 창고 내의 변화를 조금도 눈치채지 못했기 때문입니다. 꼬마 요정들은 큰 절망에 빠졌습니다. 계속 불평을 터트리며 누가 치즈를 옮겼느냐고 따졌습니다. 그들은 치즈가 그저 다 떨어진 것이고, 그래서 다른 곳에서 찾아야 한다는 생각을 조금도 하지 못했어요. 그들이 느끼는 혼란을 어느 정도 이해할 수는 있습니다. 그들에게 치즈는 단순히 씹어 먹는 것 이상을 의미했기 때문입니다.

치즈는 그들에게 중요한 어떤 것, 바꿔 말해, 삶의 이유, 안전, 건강을 뜻했습니다. 그들은 이런 결핍을 마주할 준비가 되어있지 않았습니다. 다른 치즈를 찾아 나선다는 것은 너무나도 어렵고 복잡한 일이었습니다. 그들은 오랫동안 고민했습니다. 그들이 내린 결정은 창고 주변을 샅샅이 뒤져서 치즈에 무슨 일이 일어났는지 확인하는 것이었습니다. 그들은 이 부당함이 머지않아 밝혀질 것이라 믿었고, 누군가의 장난이길 바랐지요. 그러나 치즈는 흔적조차 남아있지 않았습니다.

시간이 흘러 그들은 점점 지치고 배가 고파졌습니다. 그때 리시코는 벽에다 이런 문장을 썼습니다. "치즈를 더 중요하게 여기면 여길수록 당신은 그것을 더 갖고 싶어진다." 그리고 리시코는 인체르토에게 다른 곳에서 치즈를 찾아야 하지 않느냐고 조심스럽게 물었습니다. 하지만 인체르토는 받아들이려 하지 않았어요. 그는 여전히 치즈가 사라진 이유를 알아내야 한다고 생각했고, 누군가 자신들을 속였다고 확신했습니다.

리시코는 점점 지쳐갔습니다. 마침내 그는 F 창고에 머무르는 것이 더 이상 의미가 없음을 깨달았습니다. 치즈가 여기에 없다는 것이 명백했기 때문이지요. 모든 것이 바뀌었고 이전과 같은 상황으로 돌아가기란 어려운 일이었습니다. 리시코는 어쩔 수 없이 친구 인체르토를 남겨두고 떠날 수밖에 없었습니다. 그곳을 떠나기 전, 리시코는 인체르토가 마음을 돌리는 데 도움이 될지도 모르는 문구를 벽에 적었습니다. "변화하지 않으면, 사라질 위기에 놓인다." 문을 열고 나가려던 순간, 리시코는 자신의 결정이 정말 옳은 것인지 걸음을 멈추고 생각했습니다. 그리고 다시 돌멩이 하나를 집어 들어 다른 문구를 벽에다 썼습니다. "두려움 없이 무엇을 하겠는가?" 그러고는 편안한 마음으로 떠날 수 있었습니다.

그날 이후, 리시코는 여기저기서 약간의 치즈를 얻을 수 있었지만, 만족할 만큼의 양은 아니었습니다. 리시코는 희망을 잃기 시작했습니다. 몹시 지친 채 앉아서 생각했습니다. 그리고 새로운 문구를 벽에 썼습니다. "치즈 냄새를 오래 맡다 보면, 그 치즈가 상해가는지 알 수 있다." 그는 친구 인체르토가 떠올랐고, 그가 마음을 바꿨는지 아니면 두려움 때문에 아무것도 못하고 있는지 궁금했습니다. 그래서 그는 벽에다 새로운 글을 쓰기 시작했습니다. 이는 자신을 위해서만이 아니었습니다. 언젠가는 자신을 따라 움직이기 시작할 인체르토가 이 글을 읽을 수 있기를 바라며 쓴 것이지요. "새로운 길에 들어서는 것은 새로운 치즈를 찾는 데 도움을 준다."

리시코는 다시 길을 걷기 시작했지만, 자기 앞에 펼쳐진 복도는 너무나 어두웠습니다. 그래서 두려웠습니다. 온갖 어두운 생각이 그를 사로잡았지만, 바로 그 순간 두려움이 가장 나쁜 적이라는 사실을 깨달았습니다. 용기를 내어 그는 벽에 이렇게 썼습니다. "너의 두려움을 극복할 때, 자유로움을 느낄 수 있다." 리시코는 다시 치즈를 찾으러 나섰고, 점점 기분이 좋아졌습니다. 단순히 치즈를 찾는다는 사실만으로도 그는 기쁨을 느꼈습니다. 치즈를 찾았을 때를 상상하며 자신을 다독였습니다. 찾고 있는 무언가를 그려보는 것만으로도 용기가 생기고 앞으로 나아가게 하는 데 도움을 주었지요. 리시코는 새로운 문구를 지금 쓰지 않을 수 없었습니다. 늘 그랬듯, 인체르토가 볼 수 있기를 바라면서 말입니다. "치즈를 손에 넣기 전에 그 치즈를 맛본다고 상상하면, 그것을 획득할 수 있는 좋은 길이 열릴 것이다."

그는 치즈가 전부 사라져 버린 F 창고를 조금 더 일찍 떠났더라면, 조금 더 먼저 새로운 치즈를 얻을 수 있었다는 것을 알게 되었습니다. 그래서 새로운 문구를 또 만들었습니다. "묵은 치즈를 서둘러 포기하는 만큼, 새로운 치즈를 맛보는 것이 빨라진다." 찾고 있는 것을 이미 얻은 것처럼 리시코는 기뻤습니다. 또다시 무엇인가를 썼습니다. "미로를 마주하는 것이 빈 창고에 남아있는 것보다 덜 위험하다." 리시코는 천천히 앞으로 나아갔습니다. 예상했던 것만큼 두렵지는 않았어요. 그는 두려움이 상상의 크기에 따라 더 커진다는 사실을 스스로에게 되뇌었습니다. 그리고 막상 두려움과 마주했을 때, 그 자리에 괴물 같은 건 없다는 것도 깨달았습니다.

그제야 리시코는 자신의 마음이 긍정적인 면보다는 부정적인 면에 더 집중되어 있었음을 알아차렸습니다. 그는 '변화는 자연스러운 일'이라고 스스로에게 말했습니다. 그것이 예상한 것이든 예상치 못한 것이든 말입니다. 그리고 이렇게 썼습니다. "오래된 신념을 따른다면, 새로운 치즈는 절대 찾을 수 없다."

변화가 유해한 것이라고 믿을 수 있지요. 그래서 그 변화에 저항하여 변화가 없는 굳건한 상황에 머물려고 할 수 있습니다. 그러나 그 반대로 변화가 새로운 치즈를 찾게 해주리라 믿으며 기쁜 마음으로 그 변화를 받아들일 수도 있습니다. 리시코는 이렇게 적었습니다. "새로운 치즈를 맛보고 찾을 수 있다는 것을 깨닫게 될 때, 당신의 행동은 변화한다."

그는 걸어가면서 종종 친구 인체르토를 생각했습니다. 그가 어서 치즈를 찾아 나서길 바라는 마음이었습니다. 그때 다시 한번, 무엇보다 인체르토를 위해, 자신의 경험을 종합하며 이렇게 썼습니다. "일찍부터 작은 변화를 알아차린다면, 큰 변화가 왔을 때 더 쉽게 적응할 수 있다." 이때부터 리시코는 자신의 과거를 놓아두고 현재에 집중하기로 결심했습니다. 활력을 다시 찾은 그는 숨을 크게 들이쉬고 치즈를 찾기 시작했습니다. 마침내 그에게 기적이 일어났습니다. N이라는 이름이 붙은 치즈 창고를 발견했기 때문입니다.

리시코는 자신의 눈을 믿을 수가 없었습니다. 모든 종류의 치즈가 그곳에 다 있었으니까요. 그리고 그를 반갑게 맞아주는 두 생쥐 친구들도 보았습니다. 리시코는 바로 뛰어가 치즈를 맛보기 시작했습니다. 어느 정도 배를 채운 리시코는 N 창고 한편에 자신의 긴 여정을 걸어오며 적어둔 모든 문구를 요약해 정리했습니다. 모든 것은 그의 탐험 속에서 배운 소중한 깨달음이었습니다. 이 순간 리시코는 자신이 걸어온 길을 비로소 이해하게 되었습니다.

그는 F 창고에서 겪었던 심각한 상황이 반복되지 않도록 매일 N 창고를 둘러보았습니다. 그곳에서 무슨 일이 일어나는지 끊임없이 주시하며, 새로운 변화에 놀라지 않기 위해서였지요. 왜냐하면 당신의 치즈를 옮기는 사람이 항상 존재할 테니까요!

아홉째 단계

발견해야 할 의미

개척되지 않은 창고

이 여정의 끝에서 우리가 발견한 것은 삶의 새로운 의미를 찾을 수 있는 '창고'가 존재한다는 것입니다. 그러나 그 자리에 머물러 있거나 삶에서 아무런 의미도 발견하지 못하고 그저 불평만 한다면, 상황은 전혀 바뀌지 않을 것입니다. 이제 새로운 의미를 찾을 수 있도록 몇 가지 방향을 제시하고자 합니다. 이 '창고'는 제가 새롭게 만들어 낸 것이 아니라 복음의 길을 따라 걸으면서 발견한 것입니다. 예수님의 말씀과 삶을 통해 이 장소에 대해 설명해 보고자 합니다.

우정

아리스토텔레스는 대부분의 우정이 '상호 간의 이익'에서 출발한다고 보았습니다. 또한 단순히 '함께 있을 때에 즐거움을 느끼는 것'에서도 우정이 성립될 수 있다고 했습니다. 그러나 이런 유형의 우정은 오래가지 못합니다. 그는 아주 드물지만 우정이 '선善'이나, 자신의 일부를 대가 없이 내어주는 '갈망'이나, 가치를 함께 공유하는 '나눔'에서도 기반한다고 보았습니다.

오늘날 우정이 점점 희귀해지는 것은 결코 우연이 아닙니다. 개인의 이익과 소유에 사로잡힌 문화 속에서 살아가고 있기 때문입니다. 우정은 '반드시 보답을 받을 것'이라는 확신 없이 자기 일부를 기꺼이 내어주는 마음이 필요합니다. 아리스토텔레스의 시대에도, 그리고 예수님의 시대에도 벗과 종의 차이가 분명하고 명확했습니다. 하지만 오늘날에는 사랑이라는 이름으로 위장된 관계에서 보이지 않는 종속이 존재합니다. 종과 주인은 필요와 목적에 따라 서로를 찾고 또 선택합니다.

관계를 유지하기 위해 적응이 필요하다고 합니다. 어떤 환경에서는 이 말이 적절할 수 있습니다. 그러나 평생을 오직 '종의 역할'에만 적응하여 관계를 유지할 수 있다고 믿게 된다면, 상대방은 오직 기쁨만 받아야 하고 실망이 있으면 안 되는 '주인'이 되어버립니다. 배우자나 친구 혹은 가까운 사람들의 기대에 맞추기 위해 스스로를 종처럼 여기며 살아가는 이들이 있을 수 있습니다. 그리고 지나치게 자주 "네가 원하는 대로 하자", "오직 너를 위해 하는 거야", "네가 실망할까 봐 두려워"라고 말합니다. 이런 관계가 반복된다면, 우리는 애정을 사고파는 시장에서 살아가는 것이 이미 익숙해진 셈입니다.

평생을 종처럼 살아가는 사람은 늘 불안합니다. 자기가 자신을 하찮게 여기기에, 무조건적인 사랑을 받을 자격이 없다고 생각합니다. 종이 살아남기 위해 빵을 벌어야 하듯, 종으로 사는 사람 역시 사랑을 스스로 벌어야 한다고 믿습니다. 종은 늘 해고될까 두려워합니다. 그래서 종처럼 사는 사람은 언제나 버림받는 것이 두렵습니다. 종으로만 살 수 있다고 믿는 사람은 항상 주인을 찾아 헤맵니다. 반대로 주인으로만 살아야 한다고 믿는 사람도 있지요. 이들은 타인의 입장을 인정하지 않고 상대의 필요를 헤아리지 않습니다. 이런 주인은 애정을 마치 자신의 권리로 여기며, 다른 주인들과 마찬가지로 종을 자신에게 묶어두기 위해 감정적인 협박을 사용할 줄 압니다. 그들에게 애정은 일과 맞바꾸는 급여일 뿐입니다.

종과 주인은 그렇게 서로를 찾고 만나게 됩니다. 하나의 관계가 건강하지 못하면, 다시 말해, 주인과 종이라는 틀이 작용하는 관계라면 두 사람은 결국 서로를 이용하는 데 그칠 뿐, 진정한 사랑으로 나아갈 수 없습니다. 종도, 주인도 필연적으로 두려움에 의해 움직입니다. 종은 일상의 의미 전부인 빵 한 조각을 잃을까 두려워하고, 주인은 홀로 남겨질까 두려워합니다. 이러한 얽매임은 평생 지속될 수 있습니다. 만일 종이 '자신의 존엄성'과 '무조건적인 사랑을 받을 권리'를 깨닫지 못한다면 말입니다.

이에 반해, 벗은 고대로부터 건강한 관계의 상징이었습니다. 벗은 값을 매길 수 없는, 무조건적인 존재입니다. 벗은 상대를 부담스럽게 하지 않으며, 사랑을 계산하여 조건이나 의무로 만들지 않습니다. 종과는 달리 벗에게는 노동시간이 없습니다. 벗은 종처럼 '기대된 역할'을 수행하는 인물이 아니기에 그 존재만으로 놀라움을 느낄 수 있습니다. 종은 노동시간이 빨리 끝나기를 기다리지만, 벗은 하루빨리 자기 벗을 만나기를 고대합니다.

어떤 관계를 맺든 벗이라는 존재는 건강한 관계의 모델이 됩니다. 종과 주인은 서로를 필요와 목적에 따라 선택하지만, 벗은 자연스럽게 서로를 찾아갑니다. 클라이브 스테이플스 루이스C. S. Lewis는, 우정은 이 질문에서 시작된다고 말했습니다. "뭐라고, 너도? 나만 그런 줄 알았는데!" 종과 주인은 서로를 적으로 여기지만, 벗은 벗에게 자신의 일부를 발견합니다. 벗을 만난다는 것은, 내가 나를 알아볼 수 있는 어떤 존재를 만나는 것입니다. 이 때문에 우정은 자기 자신을 더 깊이 이해하고 성장하는 데 도움을 줍니다.

주인을 위해 목숨을 바친다는 건 피할 수 없는 운명에 스스로를 굴복시키는 것입니다. 여기서 주인은 관념이나 욕망이기도 하지요. 주인은 우리의 존엄성을 빼앗으면서도 마치 그것이 호의인 것처럼 믿게 만듭니다. 예수님은 하느님과의 관계를 주인과 종의 관계로 만드는 위험에서 우리를 자유롭게 하십니다. 그분은 우리가 종이 아니라 하느님의 벗으로서 관계 맺기를 원하십니다. 그분은 주인이 아니라 그저 사랑받고 싶어 하는 갈망에 응답하시는 분입니다. 그분은 우리를 노예로 만드는 관념이 아니라 사랑 안에서 관계를 맺으시는 분입니다.

그렇기에 벗과 종은 관계를 맺는 두 가지 방식을 보여줍니다. 어떤 관계에서 벗어나고 싶다면, 아마도 그 관계에서 상대를 주인처럼 느끼기 때문일 것입니다. 반대로 상대를 벗처럼 느낀다면, 그 관계 안에 머물고 싶어질 것입니다. 요한복음 서두를 보면, 예수님을 만난 날 그분과 함께 머물렀던 제자들이 나옵니다. 그러나 그 이후에 그들은 여러 번 그 관계에서 도망쳤습니다. 루카복음 마지막에 제자들은 '묵으십시오'라는 말을 사용합니다. 이는 결코 우연이 아닙니다. "저희와 함께 묵으십시오. 저녁때가 되어가고 날도 이미 저물었습니다."(루카 24,29) 제자들은 벗을 발견했고 그분께 머물기를 청했습니다. 길을 가던 나그네에게 머물러 달라고 요청한 것은 바로 그들입니다. 이 갈망이야말로 관계가 다시 건강해지고 치유되었음을 보여주는 신호입니다.

예수님은 단순히 서로 사랑하라고 요구하시는 것이 아니라 '내가 너희를 사랑한 것처럼 너희도 서로 사랑하라'고 말씀하셨습니다. 만약 사랑의 기준이 나 자신이거나 상대가 되어 거기에 일방적으로 맞춘다면, 서로를 계속 상처 입히게 될 것입니다. 반대로 사랑의 기준을 서로 자기중심적이 아닌 그 바깥에서 찾는다면, 그때 우리는 진정으로 사랑할 수 있습니다.

벗으로서 맺는 관계의 기준을 예수님이 우리에게 가르쳐 주십니다. 그것은 '그분이 우리를 사랑하신 것과 같이'입니다. '그분이 우리를 사랑하신 것과 같이'가 없다면, 우리는 서로의 사랑을 끊임없이 저울질하며, 관계가 무너지는 혼란에 빠지게 될 것입니다.

신뢰

관계는 필연적으로 깨질 가능성에 노출되어 있습니다. 우리는 관계를 포기할 수도 있고 다시 시작하기 위해 노력할 수도 있습니다. 관계를 다시 시작하는 유일한 방법은 신뢰를 회복하는 것입니다. 칼 로저스 Carl R. Rogers는 이를 '상대방을 향한 무조건적인 긍정적 존중'이라고 표현하였습니다. 이는 배신한 베드로를 바라본 예수님의 시선이기도 합니다.(요한 21,1-19 참조)

사실 베드로가 처음 예수님을 따라나선 것은 겐네사렛 호숫가에서 물고기를 하나도 잡지 못한 실패를 체험한 직후였습니다.(루카 5,1-11 참조) 이는 베드로의 삶(그리고 모든 인간의 삶)이 처음부터 끝까지 실패와 함께한다는 것을 보여주는 듯합니다. 요한복음의 마지막은 부활하신 예수님과 베드로의 재회를 다룹니다. 이때 베드로가 빠져있던 실패의 상황은 처음의 실패보다 훨씬 심각한 것이었습니다. 처음은 직업적인 실패였습니다.(그는 밤새도록 애썼지만 아무것도 잡지 못했습니다.) 하지만 마지막은 사랑의 실패였습니다.(그는 스승이자 벗을 배신했습니다.) 비어있는 그물은 베드로의 내면을 투영하는 상징이 됩니다. 마치 그의 마음이 텅 빈 것처럼 그의 그물도 비어있습니다.

예수님의 죽음 이후, 베드로는 다시 어부의 삶으로 돌아가 자신의 실패를 잊어보려 했습니다. 그것은 예수님과 함께한 시간을 지워버리려는 시도였지요. 그는 아무 일도 없었던 것처럼 스승을 만나기 이전의 삶으로 돌아가려고 했습니다. 그러나 삶은 아이러니하게 그를 그리고 우리를 '실패'나 '한계' 같은 난처한 상황에 놓이게 합니다. 그렇게 다시 예수님과의 첫 만남의 자리로 데려갑니다.

예수님의 무조건적인 긍정의 시선은 상대의 필요에서 출발합니다. 예수님은 제자들에게 부족한 것, 그들이 지니지 못한 것, 찾을 수 없는 것을 다시 드러내십니다. 예수님은 그들의 배고픔에서, 그들이 생명을 얻는 데 필요로 하는 것에서 시작하십니다. "무얼 좀 잡았느냐?"(요한 21,5) 부활하신 예수님이 제자들을 호숫가에서 만나셨을 때 하신 말씀입니다.

예수님은 자비로운misericordioso 분이십니다.(miser: 불쌍히 여기는, cor: 마음) 그분의 마음은 자신이 아닌 가난한 이들을 향해있습니다. 예수님의 온 마음은 그분을 배신했던 이들의 필요를 향해있습니다. 이것이 바로 예수 성심의 모습입니다. 곧 예수님은 자신의 마음을 꺼내어 우리에게 내어주십니다. 죄를 짓고 예수님 앞에 서있는 바로 우리에게 말입니다.

주목받고 사랑받는 자리에 있어도 사실 그것을 깨닫기 쉽지 않습니다. 우리의 시선이 여전히 상처에 물들어 있기 때문입니다. 그래서 베드로는 보지 못했습니다.

예수님을 알아본 이는 바로 사랑받는 제자(요한의 별칭)였습니다. 그는 십자가에 달리신 예수님의 시선을 외면하지 않았습니다. 사랑받는 제자는 예수님의 조건 없는 긍정의 시선 아래 머물렀습니다.

베드로가 예수님의 시선을 느낀 순간, 그는 만남을 준비합니다. 성경 본문은 베드로가 바닷물로 뛰어들기 위해 겉옷을 걸쳤다고 말합니다. 보통이라면 물에 들어가기 위해 옷을 벗어야 하는데, 오히려 그 반대로 그는 예수님께 가기 위해 옷을 입습니다.(요한 21,7 참조) 베드로에게 이 옷은 자신을 가리기 위한 것이 아니라, 그분 앞에 서기 위해 자신을 다시 추스르는 몸의 태도였습니다. 이때 베드로는 예수님이 물 위를 함께 걸으라고 초대했던 순간을 떠올렸을지도 모릅니다. 그것은 죽음을 두려워하지 말라는 초대였습니다. 우리의 일상을 끊임없이 위협하는 죽음, 혼자라고 느끼게 하는 그 죽음, 실패자로 낙인찍는 그 죽음, 아무 가치 없는 존재로 만드는 그 죽음을 두려워하지 말라는 것이었습니다. 이제 베드로는 자비로운 그분의 시선에 힘입어 바다를 마주할 용기를 얻었습니다.

예수님은 베드로에게 조건 없는 긍정의 시선을 보내시며 자비의 공간을 만드십니다. 이는 서로 다른 차이를 하나로 묶는 공간입니다. 교회는 자비의 공간이자 다양한 사람들이 각자의 부족함을 지니고 온다 하더라도 아무 조건 없이 환영받을 수 있는 공간입니다. 베드로의 빈 그물은 커다란 물고기 153마리로 가득 찹니다. 수수께끼 같은 숫자이지만, 그것은 교회라는 그물 안에 셀 수 없이 다양한 사람들이 있다는 것을 상징할지도 모릅니다. 그토록 여러 가지로 많은 차이에도 불구하고 그물은 찢어지지 않습니다. 오직 자비로운 시선과 조건 없는 긍정의 시선만이 하나 됨을 보장하고 그물이 찢어지지 않도록 유지할 수 있습니다.

베드로의 죄를 바라보는 부활하신 예수님의 시선은 우리 각자의 죄를 바라보는 그리스도의 시선이기도 합니다. 예수님은 베드로의 배신에 대해 따져 묻지 않으십니다. 그의 잘못을 가볍게 여기지도 않으시지만, 죄책감을 불러일으키지도 않으십니다. 그 대신 예수님은 베드로 안에 있는 긍정의 힘을 다시 깨우시고, 베드로도 보지 못했던 자신의 선함을 보도록 도와주십니다. 예수님은 베드로가 기꺼이 내어줄 수 있는 것에서부터 다시 시작하십니다. 관계는 오직 상대에게 신뢰를 건넬 때에만 회복될 수 있습니다. 그러나 신뢰는 언제나 위험을 감수하는 일이며 결코 결과를 보장하지 않습니다. 신뢰는 거저 주어지는 것이지 빌리는 것이 아닙니다. 신뢰는 처음부터 손해를 감수하는 것입니다.

뒤따르는 예수님의 질문은 단순히 베드로가 세 번 부인했다는 사실을 되짚는 데 그치지 않고 베드로가 자신을 발견해 나갈 수 있는 길을 열어줍니다. 예수님은 처음 두 번의 질문에서 그리스어 동사 '아가파오 ἀγαπάω'를 사용하셨습니다. 이 동사는 높고 고귀한 사랑을 의미합니다. 첫 번째 질문만 보더라도, "너는 이들이 나를 사랑하는 것보다 더 나를 사랑하느냐?"(요한 21,15)라고 물으십니다. 이는 "세상의 모든 것보다 더 나를 사랑하느냐?"는 물음이기도 합니다. 그러나 베드로는 예수님의 긍정의 시선을 느끼지 못한 것처럼 항상 다른 동사인 '필레오φιλέω'로 대답합니다. "제가 주님을 사랑하는 줄을 주님께서 아십니다."(21,15.16) 베드로가 사용하는 동사 '필레오'는 친구의 사랑을 말합니다.

세 번째 질문에서 예수님은 기대를 낮추시고, 베드로가 다시 시작할 수 있다고 느끼는 자리에서 시작하십니다. 이제 예수님도 동사 '필레오'를 사용하십니다. "너는 나를 사랑하느냐?"(21,17) 베드로가 다시 시작할 수 있다고 느끼는 그 자리에서 예수님 역시 출발점을 맞춰주십니다. 그러나 베드로는 이내 자신이 누구인지, 곧 자신이 얼마나 예수님을 사랑하는지 제대로 모른다는 것을 깨닫고 이렇게 고백합니다. "주님, 주님께서는 모든 것을 아십니다."(21,17) 예수님의 조건 없는 긍정의 시선을 통해 베드로는 예수님이 자신 안에 있는 선함과 가능성을 보고 계신다는 것을 알게 됩니다. 이것이 바로 출발점입니다. 자비는 우리가 아직 발견하지 못한 선을 보게 합니다.

이제 베드로는 나를 따르라는 예수님 말씀에 다시 응할 수 있습니다. 그러나 그의 대답은 더 이상 처음처럼, 자기 힘에만 의지한 철없는 자신감에 기초한 것이 아닙니다. 베드로는 지금 자신의 한계를 깨달았기 때문에 예수님의 초대에 응하는 것입니다. 베드로의 대답은 더 진실해지고, 덜 이상적이 되었으며, 이제는 자신을 온전히 내어주는 응답이 되었습니다.

누구든 자신이 먼저 자비의 시선을 체험하지 못하면, 다른 이에게도 자비의 시선을 가질 수 없다는 것은 너무나 분명합니다. 그리고 그 체험을 했다 하더라도, 자비는 결코 값싼 단어가 될 수 없다는 사실에는 변함이 없습니다.

수난

삶은 누군가를 '위해' 살아갈 때 의미를 갖습니다. 만약 우리가 오직 자기 자신만을 위해 혹은 자기 존재를 드러내기 위해, 자기 이익이나 자기 행복만을 위해 살아간다면, 우리 삶은 서서히 메말라 가고 마침내 공허함을 느끼게 됩니다. 늘 자신만 생각하며 살아왔다면, 어느 순간 삶의 의미를 잃고 혼란스러워져도 이상할 것이 없습니다.

이에 비해 예수님의 삶은 '타인을 위한 삶'이었습니다. 다시 말해, 인류를 사랑하여 온전히 내어주는 삶이었습니다. 그리스도의 제자가 되는 것은 우리의 존재를 '누군가를 위한 사랑'으로 변화시키며 삶의 의미를 찾아가는 과정입니다. 오직 '위한'이라는 단어가 있을 때에만 우리 삶은 의미를 찾습니다.

'누구를 위해 살고 있는가?' 예수님의 수난 이야기는 삶의 의미를 가득 채우는 목적에 부합하는 모습을 보여주며 이 질문에 깊이 있는 답을 제시합니다. 요한복음에서 예수님의 수난은 사랑을 드러내는 여러 장면과 사건, 그리고 다양한 정황 속에서 펼쳐집니다. 이들을 묵상하면서 우리 삶의 방식에 대해 질문해 봅시다.

요한복음의 수난사화(요한 18-19장 참조)는 어둠과 빛의 대비로 시작합니다. 수난사화의 바로 전 사건은 최후의 만찬이었는데, 유다가 이 장소에서 떠날 때를 요한 복음사가는 이렇게 기록합니다. "때는 밤이었다."(13,30) 유다의 마음은 밤이었습니다. 자기 생각과 관점에 갇혀있는 이는 마음 역시 어둠에 갇혀있습니다. 이것이 바로 유다의 상태였습니다. 그는 기다릴 줄 몰랐고, 피곤해했습니다. 이스라엘 백성을 구원하고자 하시는 예수님의 방식이 무엇인지 이해하지 못했기 때문이지요. 유다는 모든 것을 서두르려 했고, 예수님을 강제로 밖으로 내몰아 메시아로서 정체를 밝히도록 하려 했습니다.

또 그는 자신의 무모한 계획에 다른 이들을 끌어들였습니다. 예수님의 적들에게 그분을 체포할 기회를 제공했던 것입니다. 유다는 어둠 속에서 한 무리의 사람들과 함께 왔습니다. 그들은 횃불과 등불을 들고 있었습니다. 빛이 필요했기 때문입니다. 그러나 예수님은 제자들과 함께 계셨고, 그들은 어떤 등불도 필요하지 않았습니다. 바로 예수님이 참된 빛이셨기 때문입니다. 이러한 극명한 대비 앞에서 우리는 선택해야 합니다. 예수님의 길을 따를 것인가, 곧 생명을 내어주는 삶을 선택할 것인가? 아니면 유다의 길을 따를 것인가, 곧 자신의 생명을 지키는 삶을 선택할 것인가?

수난사화는 예수님의 재판 장면으로 이어집니다. 먼저 예수님은 한나스 앞에서 종교재판을 받습니다. 한나스는 거짓 권력이었습니다. 그는 그 해의 대사제가 아니었기 때문입니다. 다음으로 빌라도 앞에서 정치재판을 받습니다. 예수님은 거절당하는 경험을 하십니다. 대사제의 종이 그분의 뺨을 때리는데, 이는 그분의 가르침이 거절당하는 상징과도 같습니다. 같은 시각, 베드로는 대사제의 저택 안뜰에서 스승을 세 번 부인합니다. 한편 빌라도의 관점에서 예수님은 두려운 존재였습니다. 예수님이 자신을 위험에 빠뜨릴 수도 있었기 때문입니다. 빌라도는 자신을 위태롭게 하고 싶지 않았습니다. 이는 예수님께서 삶에 부여하신 의미, 곧 누군가를 위해 자신을 내어주는 삶과는 정확히 반대되는 것이었지요. 여기서도 우리는 예수님과 빌라도로 대표되는 두 가지 길 중에 하나를 선택해야 합니다. 누군가를 위해서 위태롭게 될 것인가? 아니면 자신의 안전을 지키기 위해 외면할 것인가?

생명을 내어주는 여정의 정점은 십자가에 달리신 예수님께서 자신의 어머니를 사랑하시는 제자에게 맡기실 때입니다. 사랑받는 제자는 이름이 없습니다. 그렇기에 누구나 그 사람이 될 수 있습니다. 예수님께서 사랑하시는 당신, 바로 당신에게 그분은 자신의 가장 귀한

분을 맡기십니다. 그분의 어머니, 성모님을 말입니다. 당신이 그분의 자녀가 되도록 예수님은 자신의 자리를 비우십니다.

이 선물은 오직 예수님이 우리 구원에 목마르셨기 때문에 가능했습니다. "목마르다."(요한 19,28) 이것은 예수님께서 사마리아 여인과 대화하실 때도 하신 말씀이었습니다. 그때 예수님은 그 여인의 구원에 목말라하셨고, 십자가 위에서는 온 인류의 구원을 갈망하셨습니다. 여기서 예수님의 삶이 그분의 충만함으로 완성됩니다. 여기서 하나의 삶이 온전히 자신을 내어주는 행위로 의미를 찾는 모습을 보게 됩니다. 오직 이 내어줌의 역동성에 참여할 때, 우리의 삶도 참된 의미를 찾을 수 있습니다. 반대로 자기 자신만 바라보는 태도는 우리를 언제나 깜깜한 밤 한가운데로 던져 넣을 것입니다.

회복

수련기 동안 저는 다른 예수회 회원들이 그러하듯 한 달 동안의 영신수련을 했습니다. 영신수련이 끝을 향할 무렵, 로욜라의 이냐시오 성인(「영신수련」의 저자)의 기도를 접했습니다. "받아주소서, 주님. 저의 모든 자유와 저의 기억과 지성, 저의 모든 의지와 제가 가진 모든 것을 받아주소서."[10]

이 기도를 마주했을 때, 저는 강한 두려움을 느꼈고 그 무엇도 손에 잡히지 않았습니다. "이게 가능할까?" 속으로 되뇌었습니다. '나는 이미 모든 것을 버렸어. 그리고 미지의 세계로 떠나왔지. 그런데 지금, 내게 얼마 남지 않은 것들마저 포기하라고 하시다니! 자유, 기억, (비록 많지 않지만 지금까지 나의 유일한 무기였던) 지성, 의지까지?' 만약 그것을 받아들인다면 나는 어떻게 될까? 과연 누가 내 삶에서 결정을 내리는 걸까? 내가 스스로 선택할 자유도, 생각할 지성도, 기억할 능력도 없이 존재한다면, 내 삶은 어떤 의미를 가질 수 있을까? 저는 오랜 시간 제 영적 체험을 완성해 내지 못했다는 자책감에 머물러 있었습니다.

시간이 흘러, 사제가 된 후에 한 달간의 영신수련을 다시 하게 되었고, 그때 그 기도의 의미를 새롭게 깨닫게 되었습니다. 자신이 가진 것을 하느님께 돌려드리는 것은 관대함의 행위도, 포기의 행위도 아닙니다. 그것은 현실을 받아들이는 것입니다. 그것 말고는 다른 선택지가 있을 수 없습니다.

우리는 선물이라는 개념을 이상하게 받아들이곤 합니다. 특히 서구 사회에서는 선물을 받으면 그것이 곧 내 것이 된다고 생각합니다. 그러나 이것은 우리가 만들어 낸 개념일 뿐이지요. 하느님과 함께할 때는 그렇게 될 수 없습니다. 하느님이 우리에게 주신 모든 것, 생명, 몸, 사랑, 역할, 물질 등 이 모든 것은 여전히 그분께 속해있으며, 결국 그분께 다시 돌아갑니다. 물론 우리는 그렇지 않다고 믿을 수도 있습니다. 이 모든 것이 우리의 것이라고 착각할 수도 있습니다. 그러나 결국 삶은 이전에도 그랬고 이후에도 그럴 테지만, 우리가 소유하고 있는 것은 아무것도 없다는 사실을 깨닫게 해줄 것입니다.

모든 것은 사랑의 원천이신 그분에게서 흘러나오며 다시 그리로 되돌아갑니다. 우리는 사랑의 흐름 속에 잠겨있고, 이 흐름은 매 순간 우리를 스쳐 지나갑니다. 삶의 의미는 이 사랑의 흐름을 즐기면서 붙잡지 않고 흘러가게 하는 것입니다. 따라서 하느님께 돌려드린다는 것은 관대한 행위가 아닙니다. 만약 물질이 전적으로 우리 소유라면 그것을 돌려드리는 것이 관대함일 수는 있겠지만, 그렇지 않기 때문입니다. 또한 포기의 행위도 아닙니다. 오히려 우리가 어떤 존재인지를 가치

있게 드러내는 방식입니다. 하느님께 돌려드린다는 것의 의미는 그분이 사용하시도록 나 자신을 내어놓는 것입니다. 하지만 이 말이 결코 나를 잃는다는 것을 뜻하지 않습니다. 오직 그분만이 나의 가치를 가장 잘 아시고, 그것을 가장 잘 활용하실 수 있기 때문입니다. 하느님께 돌려드리는 것은 조화로운 일이며, 우리가 할 수 있는 최고의 투자입니다. 선물은 샘물과 같습니다. 반드시 흘러야 하고 그렇지 않으면 고여서 썩게 됩니다. 선물은 오직 나를 위한 것이 아닙니다. 그것은 샘물처럼 흘러가 다른 이들의 목마름을 해소시켜 줍니다.

이러한 관점에서 죄, 용서, 정의는 새로운 의미를 갖게 됩니다. 죄를 단순히 법을 어기는 것으로만 보는 것은 너무 한정된 시각입니다. 죄는 오히려 사랑의 흐름을 막는 것입니다. 하느님의 사랑이 우리를 통해 흐르는 것을 방해하는 것이지요. 따라서 용서는 원한, 분노, 실망이라는 장애물을 제거하여 사랑이 다시 흐를 수 있도록 하는 것입니다. 정의는 우리 자신부터 시작됩니다. 우리가 스스로 사랑의 흐름을 막는 요소를 제거할 때정의는 시작됩니다. 그리고 사회적으로 정의를 실천하는 것은, 사랑이 억압받고 방해받는 곳에서 사랑이 자유롭게 흐를 수 있도록 돕는 것입니다.

성경은 자주 이 장면을 언급합니다. 예를 들어, 이사야 예언자가 이렇게 말합니다. "비와 눈은 하늘에서 내려와 그리로 돌아가지 않고 오히려 땅을 적시어 기름지게 하고 싹이 돋아나게 하여 씨 뿌리는 사람에게 씨앗을 주고 먹는 이에게 양식을 준다."(이사 55,10) 또한 요한 복음에서 예수님은 막달라 마리아에게 이렇게 말씀하십니다. "내가 아직 아버지께 올라가지 않았으니 나를 더 이상 붙들지 마라."(요한 20,17)

예수님은 알파요 오메가이십니다. 모든 것의 시작이시자 마침이십니다. 예수님은 성부께서 우리에게 주신 가장 큰 선물이자, 다시 성부께로 돌아가는 선물입니다. 그리고 성찬 전례 안에서 우리는 이 역동성을 계속해서 체험합니다. 하느님이 주신 선물을 우리는 그분께 봉헌합니다. 하느님은 그 선물을 변화시키셔서 다시 우리에게 돌려주십니다. 우리가 성찬례를 살아갈 때마다 우리는 더 깊이 이 사랑의 흐름 속으로 빠져듭니다.

"받으소서, 주님, 받아주소서." 모든 것이 당신 것이며, 이것이 곧 삶의 의미이기 때문입니다. 주님, 제가 붙잡지 않도록, 소유하려는 착각에 빠지지 않도록, 선물을 제 소유로 여기지 않도록 저를 도와주소서. 잃을까 두려워하는 마음, 그리고 나 자신마저 잃을까 두려워하는 마음을 떨치고 사랑이 흐르는 데 장애가 되는 모든 것을 없앨 수 있도록 도와주소서.

글을 마치며

아마 눈치채셨겠지만, 이 여정에서 저는 제 삶에서 경험했던 것들을 나누고자 했습니다. 그렇기 때문에, 어떤 분명한 결론을 내려 마침표를 찍는 것보다 단지 맺음말로 마무리하는 것이 적절할 듯합니다. 저는 여러분의 여정에서 동반자로서 우리는 결코 혼자가 아니라는 것을 전하고 싶었습니다. 그리고 우리와 함께 길을 걷고, 같은 여정을 걷고 있는 많은 이들이 있다는 사실도 전하고 싶었습니다.

삶은 결코 직선으로만 흘러가지 않습니다. 우리의 경험이 우리를 어떤 결정적인 장소로 데려다주지 않습니다. 영적 여정은 우리를 깨어있게 하는 과정입니다. 우리가 지금 어디에 있는지를 인식하고, 그 자리에서 출발하여 다음 발걸음을 내딛을 수 있도록 돕는 것입니다. 때로는 우리를 가로막는 것이 무엇인지 다시 돌아보아야 할 때도 있고, 잊고 있던 내면의 자원을 다시 꺼내야 할 때도 있습니다. 어떤 때에는 지금 이 순간 내가 진정으로 갈망하는 것이 무엇인지 스스로에게 다시 물어보는 것이 필요할 수도 있습니다.

중요한 것은 멈춰있지 않는 것, 그리고 새로운 여정은 언제든 다시 시작될 수 있다는 것을 기억하는 일입니다. 우리가 길을 잃었거나 어딘가에 발이 묶였다고 해도 그것이 중요한 건 아닙니다. 기쁜 소식은, 우리가 다시 시작할 수 있고 새롭게 태어날 수 있다는 것입니다.

미주

1 Si tratta di G. Piccolo, *Testa o cuore. L'arte del discernimento,* Paoline, Milano 2017 (2020[5]).

2 A. Fogazzaro, *Piccolo mondo antico, Mondadori,* Milano 1957, 360.

3 S. Pacot, *Evangelizzazione del profondo,* Queriniana, Brescia 2015[7], 13.

4 Agostino, *La vera religione* 39, 72.

5 M. Recalcati, *Le mani della madre: Desiderio, fantasmi ed eredità del materno,* Feltrinelli, Milano 2015, 39.

6 마르틴 부버, 「인간의 길」, 장익 옮김(분도출판사, 2003), 21-22.

7 Augustinus, *Sermone* 117, 3, 5.

8 B. Ferrero, *Tante storie per parlare di Dio,* Elledici, Torino, 2005.

9 S. Johnson, *Chi ha spostato il mio formaggio: Camniare se stessi in un mondo che cambia in azienda, a casa, nella vita di tutti i giorni,* Sperling & Kupfer, Milano 2000.

10 이냐시오 데 로욜라, 「로욜라의 성 이냐시오 영신수련」, 정제천 옮김(이냐시오영성연구소, 2025), 88.